Barbara Honigmann

Unverschämt jüdisch

Carl Hanser Verlag

1. Auflage 2021

ISBN 978-3-446-27077-0

Umschlag: Peter-Andreas Hassiepen, München
Motiv: © Barbara Honigmann
Satz im Verlag
Druck und Bindung: CPI books GmbH, Leck
Printed in Germany

MIX
Papier aus verantwortungsvollen Quellen
FSC® C083411

Unverschämt jüdisch

Vorbemerkung

Mit wenigen Ausnahmen sind die in diesem Band versammelten Texte auf besondere Anlässe hin geschrieben, freudige Anlässe, bei denen ich nämlich Literaturpreise entgegennehmen durfte. Die Entgegennahme eines Preises ist ja immer mit einer Reise an den Ort der Preisverleihung verbunden, der damit wiederum die Herkunft eines Dichters oder einer Dichterin ehren will, Zürich, Fürth, Alzey oder einfach der Sitz der Stiftung ist, die den Preis verleiht, oder ihr auch durch den Ort eine symbolische Bedeutung geben will, wie der deutsch-italienische Literaturpreis, der in Südtirol verliehen wird. So bin ich ziemlich weit herumgekommen in Deutschland und der Schweiz, in Gegenden, die ich vorher nicht kannte, und sogar bis nach Amerika, und wurde dadurch jeweils angeregt, mich auf den Ort und den Namensgeber des Preises tiefer einzulassen, als ich es vielleicht sonst getan hätte.

Zu dem Titel »Unverschämt jüdisch« für diese Sammlung hat mich die sehr freie Übersetzung des Begriffs *juif inauthentique* mit »der verschämte Jude« angeregt, die ich in der deutschen Ausgabe der »Betrachtungen zur Judenfrage« von Jean-Paul Sartre fand. Das Bändchen war 1963 als Taschenbuch bei Ullstein erschienen, irgendein Freund hatte es damals für uns über die Grenze nach Ostberlin geschmuggelt, und auf das Vorsatzblatt hat meine Mutter in ihrer wilden Schrift unseren Namen eingeschrieben. Es steht noch heute, wenn auch im wörtlichen Sinn völlig aus dem Leim gegangen, in meiner Bibliothek, neben dem viel später erworbenen französischen

Original, durch das mir dann diese besonders freie Übersetzung überhaupt erst zu Bewusstsein kam. »Un-verschämt jüdisch« trifft nun genau den Kern, denn wahrscheinlich ringe ich seit meiner Lektüre dieses Buches als 14-Jährige damit, mein Judentum, in das ich hineingeboren wurde, un-verschämt zu leben und schließlich, erwachsen geworden, auch so davon zu sprechen, zu erzählen, zu schreiben.

Einmal wurde ich nach einer Lesung, ich weiß noch genau, es war in Hannover, in der anschließenden Diskussion gefragt, ob ich mir vorstellen könne, das Jüdische auch einmal aus meinem Kopf herauszukriegen. Ich antwortete verlegen, verschämt, rechtfertigte mich, sülzte herum, und als ich es am nächsten Tag meinem Mann erzählte, fragte er, warum ich nicht einfach deutlich gesagt hätte, nein, das kann ich mir nicht vorstellen.

»Wir können gar nicht nachdrücklich genug von den Juden als Juden sprechen, wenn wir von ihrem Schicksal unter den Deutschen sprechen.«*

* Gerschom Scholem, Juden und Deutsche, in: Judaica 2, Frankfurt a.M. 1970, S.22

I

Worüber reden eigentlich Gojim?

Zum Koret Jewish Book Award 2004, New York

Weil der Mann, der auf dem Flug nach New York neben mir saß, meinem Vater so ähnlich sah, ging ich davon aus, dass er jüdisch sei, und in der Art sprach ich mit ihm, bis er es mir bestätigte und ich ihm sagen konnte, das hätte ich mir schon gedacht und dass ich auch jüdisch sei, und er sagte, das habe er sich auch schon gedacht. Wir kamen also in unserem Gespräch schnell vom Wetter auf den israelisch-palästinensischen Konflikt. Da wir uns sympathisch waren und uns möglichst nicht gleich verkrachen wollten, schließlich hatten wir noch acht Stunden gemeinsamen Flug vor uns, brachten wir unsere Meinungen zu dem Thema zunächst vorsichtig vor. Es stellte sich aber glücklicherweise heraus, dass wir ähnliche politische Vorstellungen hatten, und so verbrachten wir die Zeit bis zum Lunch mit dem Entwerfen verschiedener Friedensinitiativen.

Als ich dann, während er sein Air-France-Menü verspeiste, mein in viele Schichten eingewickeltes und eingeschweißtes, vom Pariser Beth Din für koscher erklärtes Essen aß, wendete sich unser Gespräch auf natürlichem Wege mehr religiösen Themen zu. Er erklärte mir seine liberale, ja, wie er sich ausdrückte, »freie« Auffassung der jüdischen Religion und des Judentums, wir sprachen englisch, aber er sagte »frei« auf Deutsch, dieses Wort hat sich so im Jiddischen erhalten; und ich erklärte ihm meine Gründe für eine Annäherung an die strengere Auffassung, und dann wünschten wir uns guten Appetit und versicherten uns der gegenseitigen Toleranz. Schließlich: *Kol Israel Chawerim*! Alle Juden sind einander Gefährten! Wenn es bloß auch jenseits unserer Zufallsbegegnung so wäre!

Dann erzählten wir uns unsere Lebensgeschichten, unsere eigenen und die unserer Eltern und Ehepartner und deren Eltern, die alle ziemlich ähnlich klangen. Mein Nachbar war ein echter New Yorker, aber seine Eltern waren aus Polen eingewandert und hatten mit einem gutgehenden Lederwarenhandel reüssiert, den er geerbt, aber nun verkauft hatte, jetzt lebte er in der Nähe von Florenz, das war schon immer sein Traum gewesen. Ich zeigte ihm daraufhin meine Longchamps-Handtasche, die mir meine Freundinnen zu meinem letzten runden Geburtstag geschenkt hatten, immerhin haben fünf erwachsene Frauen zusammengelegt, um sie in der schicken Longchamps-Boutique zu erwerben. Aber er warf nur einen kurzen mitleidigen Blick auf die Tasche. Nun ja, er verstehe, dass sie einen emotionalen Wert für mich habe, aber ansonsten gebe es nur dort, wo er jetzt wohne, in der Nähe von Florenz, noch wirkliches Leder-Kunsthandwerk. Mit einem dieser florentinischen Taschen- und Kofferkünstler habe er sich eng befreundet, deshalb sei er auch dorthin gezogen, in einen kleinen Ort direkt am Arno. New York vermisse er nicht.

Ich erzählte von den Lebensstationen meiner Eltern, wie sie die Nazizeit überlebt hatten, wohin sie ausgewandert und dass sie nach dem Krieg wieder zurück nach Deutschland gekommen waren, worüber er sich sehr wunderte, *really*?, und wie ich selbst später von Berlin nach Frankreich ausgewandert bin. Da waren wir bei der Situation der Juden in Frankreich angelangt. Gibt es einen neuen Antisemitismus in Europa, fragten wir uns. Und wie sieht es in den USA aus? Sie sind auch nicht davor geschützt, o nein, waren es nie. Der Antijudaismus ist so alt wie die Geschichte der Juden, hat sie immer begleitet, immer aus anderen Gründen oder vielmehr aus immer denselben, wie viele Bücher darüber schon geschrieben wurden. Aber eigentlich mögen wir uns nicht für den Antisemitismus interessieren, das ist doch nicht unser Problem, es ist ihr Problem. Ja, klar, darin stimmten wir völlig überein.

Und da setzte das Flugzeug auch schon zur Landung an; während unserer Gespräche war die Zeit buchstäblich im Fluge vergangen.

Vor der Passkontrolle trennten sich unsere Wege, denn er ging bei den US-Citizens durch, während ich mich in die Schlange der Non-US-Citizens einreihte. Wir verabschiedeten uns, wir bedankten uns gegenseitig für die angenehme Begleitung.

Es blieb uns nur noch eine einzige Frage: Worüber reden eigentlich Gojim?

Abends in die Iphigenie

Zum Max-Frisch-Preis 2011, Zürich

Im November 1947 reist Max Frisch schon zum zweiten Mal nach Kriegsende nach Deutschland. Nun betritt er zum ersten Mal Berlin und notiert in sein Tagebuch: »Kurt kauft eine kleine Skizze von Liebermann. Ferner gäbe es drei Täßlein aus Meißner Porzellan, einen Aschenbecher aus Messing und vieles andere, was man sonst nicht braucht.«

Das klingt erst einmal nicht so aufregend, Schwarzmarktatmosphäre eben, wenn nicht genau diese »Täßlein« aus Meißner Porzellan im obersten Regal meines Küchenschranks stünden. Ich hole sie nur für seltene Gelegenheiten, für würdige Gäste über vierzig heraus.

Die Meißner Täßlein sind klein und zierlich und sehr zerbrechlich. Sie gehören jetzt mir, aber stammen, genau wie die Zeilen aus Max Frischs Tagebuch, aus einer Vorzeit meines Lebens, einer allerdings nahen Vorzeit, einer Frühzeit, der frühen Nachkriegszeit.

Als der unbestimmt bleibende »Kurt« in Begleitung von Max Frisch im zerstörten Berlin seine kleine Skizze von Liebermann auf dem Schwarzmarkt erwarb, kaufte auch meine Mutter auf dem Schwarzmarkt die Meißner Täßlein und dazu einige Zeichnungen, nicht von Liebermann, sondern von Lovis Corinth. »Alles unerschwinglich teuer, wenn man mit Löhnen rechnet, aber billig, wenn man mit Zigaretten rechnet«, notiert Max Frisch, und meine Mutter hat das oft genauso bestätigt, auf dem schwarzen Markt in Berlin gab es damals für ein paar Zigaretten *al-les*, erzählte sie manchmal, wenn sie einem Gast Kaffee in das Meißner Täßlein goss oder er die Corinth-Zeichnungen an unserer Wohnzimmerwand bewunderte. Und wenn sie diese Bemerkung machte, klang immer irgendeine Art Spott in ihrer Stimme mit: »Die blöden Deutschen – wenn sie nicht die ganze Welt in Scherben gelegt hätten, könnten sie die Täßlein noch unversehrt in ihren Schränken zu stehen haben.«

Meine Eltern waren ziemlich genau zur gleichen Zeit nach Berlin gekommen wie Max Frisch, aber nicht, wie er, als Beobachter und Besucher der zerstörten Städte Europas; sie waren wiedergekommen, um in Berlin zu leben, zu arbeiten und den Deutschen zu helfen, aus ihrem Schutt wieder auf die Beine zu kommen. Für Juden eine nicht ganz selbstverständliche Motivation.

Diese frühe Nachkriegszeit ist, wie gesagt, eine Vorzeit meines Lebens, aber sie streckt sich in mein eigenes Leben hinüber und reicht noch immer hinein, als ein Zeitriese sozusagen, eine Zeit, die ich nicht erlebt habe, die vergangen ist, die aber an mir haftet wie eine Haut, durch Überlieferung und Erzählung. Dann haben die das … und es wäre … und es war, und es ist gewesen … und dann und dann und dann … und wenn nicht … so war das.

In den Beobachtungen, wie Frisch sie in seinem Tagebuch notiert hat, finde ich viele Eindrücke wieder, die ich von meinen Eltern oft genauso geschildert bekommen habe: Die Russen sprechen tadelloses Deutsch, sie »nehmen den Geist sehr ernst, offensichtlich entsenden sie ihre besten Leute. […] Unser Gespräch hat keinen einzigen Namen zutage gefördert, der ihnen nicht bekannt ist.«

Meine Eltern arbeiteten zu dieser Zeit mit den russischen Kulturoffizieren der sowjetischen Besatzungsbehörde zusammen, um die deutsche Kultur wieder aufzurichten, Theater, Film, das ganze Pressewesen – natürlich in ihrem, im sowjetischen Sinn. Von diesen Kulturoffizieren, sie waren oft Juden, habe ich meine ganze Kindheit über sprechen gehört, sie müssen sich wohl aus denselben Gründen in die Erinnerung meiner Eltern eingeprägt haben, die Max Frisch nennt, »offensichtlich entsenden sie ihre besten Leute«. Einer dieser Männer hieß Georgi Bespalow, den Namen habe ich so oft gehört, dass ich ihn bis heute nicht vergessen kann und auch gar nicht vergessen will. Sein großes Engagement für die deutsche Kultur hat er später mit mehreren Jahren Gulag bezahlt, den er nach seiner Rückkehr aus den sibirischen Lagern nicht mehr lange überlebte. Das hat mir seine Witwe erzählt, die ich in den siebziger Jahren fast »zufällig« in Moskau traf. Als ich, zurückgekehrt, meinen Eltern diese schlechte Nachricht überbrachte, schwiegen sie verlegen, hätten es wohl lieber nicht gehört. Ach, der Arme.

»Kleiner Empfang durch den Kulturbund, der im Westen verboten ist«, notiert Max Frisch weiter. »Einige bekannte Gesichter, die als Emigranten in der Schweiz gewesen sind … Nachtessen in der sogenannten ›Möwe‹, wo die Künstler ohne Marken speisen können: zwei Kartoffeln, Fleisch, etwas Grünes sogar, Bier.«

Die »Möwe«, eines der wenigen unzerstört gebliebenen kleinen Stadtpalais im Zentrum Berlins, war von den russischen Besatzungsbehörden requiriert und dann den Theaterschaffenden Berlins geschenkt worden, daher, nach dem Stück von Tschechow, der Name »Möwe«. Die »Möwe« blieb auch weiterhin ein Theaterclub, man blieb dort unter seinesgleichen, ein Club eben, nach englischer Art. Später, als man schon überall ohne Marken essen konnte, besuchten meine Eltern noch immer die »Möwe« und nahmen mich oft mit, später ging ich mit Freunden oder Kollegen vom Theater dorthin. In der »Möwe« wurden kleine oder große Feste gefeiert oder Sylvester, oder man ging einfach essen, Kaffee trinken, Leute treffen oder Bücher ausleihen, eine Bibliothek war dort nämlich auch eingerichtet, wir konnten da Theatertexte von Beckett, Edward Bond oder gar Artaud ausleihen, die sonst in der DDR auf irgendwelchen Schwarzen Listen standen.

Die frühe Nachkriegszeit muss, da sie noch so lange nachgeklungen hat, eine sehr intensive Zeit gewesen sein. Aber auch ein seltener Moment der Hoffnung auf einen gelingenden Aufbruch aus dem Schlamassel nach der großen Katastrophe. Max Frisch beschreibt die Landschaft und Szenen vom Leben auf dem zerstörten Planeten:

»Später zum Brandenburger Tor. [...] Stille wie in den Bergen, nur ohne das Rauschen eines Gletscherbaches. In den Zeitungen gibt es eine Spalte für tägliche Überfälle, es kommt vor, dass man eine kleiderlose Leiche findet ... Ein Hügelland von Backstein, darunter die Verschütteten, darüber die glimmernden Sterne; das letzte, was sich da rührt, sind die Ratten. Abends in die Iphigenie.«

Irgendeine Hoffnung müssen meine Eltern in diesem Moment, in dem Hügelland von Trümmern, zwischen Verschütteten, Ratten und der »Iphigenie«-Aufführung, gefunden oder sich erhalten haben, die vielleicht sogar ihren Ausdruck in dem Entschluss fand, ein Kind, mich, in die Welt zu setzen. Meine Eltern waren nämlich nicht mehr sehr jung, von derselben Generation wie Max Frisch, aber sie gehörten nicht zu den Verschonten, wie Frisch sich im Vorspruch zu seinem Tagebuch selbst bezeichnet. Er legte offensichtlich großen Wert auf diese Bemerkung, er erklärt sich als einer, der außerhalb steht und dessen Beobachtungen aus dieser sicheren Distanz stammen.

Meine Eltern waren relativ Verschonte, da sie im englischen Exil die Nazizeit überleben konnten, und ich bin eine Nachgeborene. Eine von der sogenannten zweiten Generation. Diese Zählung allein markiert den tiefen Einschnitt der Jahre der Judenverfolgung und des Kriegs, wir zählen ein Davor und ein Danach. Die Jahre dazwischen folgen ganz anderen Zählungen, Anzahl der Länder und überschrittenen Grenzen des Exils, Zahl der Verstecke und Zahl der Tage in den Verstecken, Zahl der Lager, Zahl der Toten und Ermordeten. Sie lassen sich schwer erzählen.

An die Nachgeborenen wendet sich Bertolt Brecht:

Ihr, die ihr auftauchen werdet aus der Flut,
in der wir untergegangen sind,
gedenket,
wenn ihr von unseren Schwächen sprecht,
auch der finsteren Zeit,
der ihr entronnen seid.

Frisch erwähnt das Gedicht mehrmals in seinem Tagebuch und widmet Brecht auch in seinem zweiten Tagebuch (1966–1971) noch einmal Erinnerungen an ihre Begegnungen. Er hatte Brecht wenige Tage nach dessen Rückkehr aus dem Exil in Zürich kennengelernt und blieb ihm dann in einer kollegialen Freundschaft verbunden, hat ihn oft besucht.

Der Name Brecht hat eine besondere Farbe in diesem »Klang« der frühen DDR-Zeit, der »Möwe«, des Neuanfangs. In seinem Tagebuch, viel mehr einem sehr knappen Arbeitsjournal, erwähnt Brecht übrigens auch die »Möwe«: »die koffer aus der schweiz sind noch unterwegs, die COURAGE im deutschen theater geht immer noch ausverkauft, helli hat büroräume in der ›möwe‹, ein ensemble ist zusammengestellt.«

Bertolt Brecht ist, glaube ich, eine der seltenen Meisterfiguren, denn das war er für alle angehenden Künstler in der frühen DDR-Zeit und auch noch lange danach, der nichts von einem Übervater hatte, gegen den man sich allzu heftig auflehnen musste, sondern der für uns ein für alle Mal jede Miefigkeit und Tümlichkeit der Kunst des Bildungsspießertums, wie er es nennt, von der Bühne fegte und darüber hinaus aus der Idee von der Kunst allgemein. Das war schon immerhin etwas und wog seine ideologische Naivität, falls es Naivität war, allemal auf.

Ich kann Frisch nur bewundern, wie er gleichzeitig Brechts Meisterschaft würdigt, aber die ideologische Überfrachtung einiger seiner Werke sofort erkennt und es genau treffend, wie ich finde, ausspricht, »das Nur-Ideologische, genau wie das Nur-Ästhetische [ist] eine andere Art, nicht wirklich zu sein«.

Der Nachsicht gedenkend, die Brecht von uns Nachgeborenen erbittet, will ich annehmen, dass er und meine Eltern und all die anderen Genossen Rückkehrer, die da in der »Möwe« saßen, sich ihre parallele Welt, also eine Nicht-Wirklichkeit schaffen mussten, um ihr politisches Engagement weiter für gültig ansehen zu können. In dieser parallelen Welt verschlossen sie sich wie in einen geschützten Raum und lebten, wie Frisch auch beobachtet, hauptsächlich in Kolonien, »sie wissen, dass sie in Berlin sind, aber die Berliner sind [für sie] so etwas wie Eingeborene.« [...] »Vergessen Sie nicht, Frisch, es sind Deutsche!«, erinnert ihn Brecht. »Vielleicht kommen Sie auch einmal in diese interessante Lage [...], dass Ihnen jemand von ihrem Vaterland berichtet, und Sie hören zu, als berichte man Ihnen von einer Gegend in Afrika.«

Diese Entfernung von der Wirklichkeit, die Fremdheitsgefühle nach der Rückkehr nach Deutschland, gepaart mit tiefem Verletztsein, haben lange angehalten, und ich fürchte, meine Eltern haben einen Teil davon, genau wie die Meißner Täßlein, an mich weitergegeben.

Max Frisch, dem sein Vaterland glücklicherweise nie abhandenkam und für den die Zugehörigkeit zu ihm im Guten und im Bösen immer fraglos blieb, konnte oder musste, vielleicht um sich dieser festen Zufügungen zu erwehren, seinen Figuren neue Identitäten suchen, verschiedene Biografien ausprobieren lassen und sich fragen, »ob es möglich wäre, dass unser Leben auch hätte anders verlaufen können«. Was eine gewisse Freiheit voraussetzt, nach der er eben fragt.

Für Juden seiner Generation waren diese Freiheiten so gut wie nicht mehr möglich, sie waren überdeterminiert, wie Sartre es nennt. Mein Vater beschrieb diese Tatsache mit dem Bonmot, »zu Hause Mensch und auf der Straße Jude«. Ich nehme sogar an, dass die Hingabe an die kommunistische Idee, zumindest teilweise, dem Wunsch entsprang, dieser Überdeterminierung zu entrinnen, um einfach Mensch, Genosse, Kamerad zu sein. Eine Flucht nach vorne, nachdem jüdische Überlieferung, Konvention und Religion schon lange abgelegt und abhanden gekommen waren, um diese Anerkennung als Mensch durch die Genossen Mitmenschen zu finden. Auch diese Illusion scheiterte, denn so sehr die jüdischen Remigranten, wie zum Beispiel meine Eltern, auch bemüht waren, sich an das von ihnen frei gewählte Milieu anzupassen und ihre Herkunft zu verleugnen, es nützte ihnen, wie schon in allen vorherigen Zeiten, gar nichts.

Am 30. April 1952 fasst die Stasi zusammen:

»Äußerlich versucht H. den Fortschrittlichen und aktiven Genossen zu spielen. Honigmann und Frau verhalten sich völlig reserviert gegenüber den Genossen, sind sehr eingebildete und angeberische Menschen und tragen auffällig westliche Kleidung. Sie beherrschen die englische Sprache in Wort und Schrift. Es wurden zwei GM angeworben, die laufend im [sic] Wohnsitz und Arbeitsstelle Informationen zusammenstellen sollen.«

Der »Stiller« gelangte mit etwa zehnjähriger Verspätung zu uns in die DDR, jedenfalls zu mir, nicht, dass er in der DDR verlegt worden wäre, dafür brauchte es noch einmal zehn Jahre – nein, wie alles andere, was an Büchern und Platten wichtig war, hatte jemand das Buch aus Westberlin herübergebracht. Es war die Zeit, als meine Freundinnen und ich gerade in ausgeleierten schwarzen Rollkragenpullovern herumliefen und zwar sozusagen Tag und Nacht, jedenfalls ob es regnete oder die Sonne schien. Wir waren 14-jährige Mädchen und hatten etwas von Existenzialismus, Sartre und Camus gehört, hatten »Stiller« gelesen und Juliette Greco im Radio gehört und auf Fotos von Saint-Germain-des-Prés gesehen, dass da alle rauchend und in schwarzen Rollkragenpullovern herumsaßen. Der Verwandlungstraum des »Stiller« gefiel uns, und es leuchtete uns ein, dass der Mensch ist, wozu er sich macht, und überhaupt, dass der Mensch Freiheit ist, und da wollten wir als 14-Jährige, bevor wir noch wussten, wer wir denn waren, schon mal anders sein, das war klar. Unbewusst oder halbbewusst lehnten wir uns gegen die festgeschriebene Herkunft, die festgelegten Rollen, Erwartungen und Forderungen auf, die uns das Leben bald antragen würde, indem wir uns kettenrauchend in schwarzen Pullovern zu Existenzialisten, oder was wir dafür hielten, »entwarfen«, und brachten damit immerhin unsere Umgebung zu kopfschüttelnder Missbilligung und unsere Eltern zur Verzweiflung. Wenigstens gaben wir nicht die netten hübschen Mädchen, wie es sich gehört hätte, und stimmten der Idee zu, »dass der Mensch zuerst ein Entwurf [ist], der sich subjektiv lebt, anstatt nur ein Schaum zu sein oder eine Fäulnis oder ein Blumenkohl«, wie wir bei Sartre in dem Taschenbüchlein von 1963, das heute noch in meinem Regal steht, lasen, in dem Essay »Ist der Existenzialismus ein Humanismus?«. Gefolgt von den »Betrachtungen zur Judenfrage«, in denen ich damals, abgesehen von der genauen Analyse des Antisemitismus, auch den Typ Juden gezeichnet fand, den ich nur allzugut kannte, den Sartre *le juif inauthentique* nennt und der von dem ungenannt bleibenden Übersetzer mit »der verschämte Jude« übersetzt wird. Die Übersetzung von *inauthentique* mit »verschämt« finde ich gar nicht so schlecht, da sie doch ins Zentrum des Problems trifft, den »Makel der Geburt« und die Scham darüber. Natürlich kann man auch unverschämt jüdisch sein, ohne authentisch zu sein, und was überhaupt »authentisch« ist, darüber kann man lange streiten, wahrscheinlich gibt es schon lange keinen »authentischen Menschen« mehr auf der Welt.

Als meine Freundinnen und ich dann zur »2. Erweiterten Oberschule Berlin-Mitte« kamen, so hieß die Schule, nachdem ihr ursprünglicher Name »Gymnasium zum Grauen Kloster«

getilgt worden war, trotz humanistischer Tradition, auf die die DDR ansonsten großen Wert legte, und wir dort die letzten vier Jahre bis zum Abitur absolvierten, trugen wir immer noch Jeans statt Röckchen, schwarze Rollkragenpullover statt Blüschen, lümmelten uns in den Bänken, statt ordentlich zu sitzen, rauchten in den Pausen und trugen West-Bücher unter dem Arm, die wir auch lasen, was am allerschlimmsten war. Zu Beginn des Schuljahres sollte sich jeder mit einem Lied und einer kurzen Selbstbeschreibung der Klasse präsentieren, und meine Freundin Wera sang stolzen Hauptes: »Die Gedanken sind frei, wer kann sie erhaschen«, und dann sagte sie ebenso tapfer: »Meine Eltern sind Juden, sie haben die Nazizeit und den Krieg in der Emigration in England überlebt, mein Bruder wurde in London geboren, icke in Berlin.« Absolutes Schweigen in der Klasse. Sozusagen Totenstille. Noch nie hatte einer unserer Klassenkameraden einen lebenden Juden gesehen.

Es war ein gewagtes Geständnis. Aber es war wichtig, um dem verschämten Judentum zu entkommen. Es blieb wichtig. Es ist noch heute wichtig.

Damals in der DDR stützte diese Herkunft sogar die gewisse Aufmüpfigkeit und Unangepasstheit unserer kleinen Gruppe von Emigrantenkindern. Den Mut dafür schöpften wir nämlich zum großen Teil aus dem Bewusstsein, nicht in die historische deutsche Schuld verstrickt zu sein. Unsere Eltern waren keine Nazis gewesen. Das machte das Leben zwar auch nicht leichter, aber es war wenigstens eine Klarheit. Eine Würde und Bürde zugleich. Selbst ein so ausgesprochener Dissident wie Wolf Biermann, dessen verbotene Lieder auf vielfach kopierten Tonbändern damals von Hand zu Hand gingen und in dessen »Wohnbühne« nur seine Gefährten sein Publikum waren, nahm sich seine Frechheiten gegen das Regime wohl auch im Bewusstsein heraus, dass sein ermordeter Vater ihm beistehe.

> Ich singe für meinen Genossen Dagobert Biermann
> der ein Rauch ward aus den Schornsteinen
> der von Auschwitz stinkend auferstand
> in die viel wechselnden Himmel dieser Erde
> und dessen Asche ewig verstreut ist
> über alle Meere und unter alle Völker …

So beginnt der »Gesang für meine Genossen«, und es endet:

> In ungebrochener Demut singe ich den Aufruhr.

»Die Würde des Menschen, scheint mir, besteht in der Wahl«, schreibt Max Frisch in seinem Tagebuch. Unsere Wahl bestand damals darin, diese zweifelhafte Auszeichnung anzunehmen, von anderer Herkunft zu sein als unsere Mitschüler, als unsere Studienfreunde und späteren Kollegen, und es hieß gleichzeitig, die Wahl unserer Eltern, nach Deutschland zurückzukehren, ebenfalls zu akzeptieren oder sie wenigstens nicht andauernd in Frage zu stellen, also Deutsche zu bleiben, statt sich wie die Kinder anderer Ausgewanderter in Engländer, Amerikaner, Israelis oder Australier zu verwandeln, die die deutsche Sprache nicht mehr sprechen, die unter Juden »seitdem« sowieso in schlechtem Ansehen steht, und die die deutsch-jüdische »Beziehung« ihrer Eltern und Großeltern ein für alle Mal beendet haben.

Deutsche Juden sind heute nämlich nicht nur verschämte Juden, sondern auch verschämte Deutsche. Deshalb gab der

Großvater meines Mannes, Rudolf Schottländer, der sich während der Zeit der Verfolgung als Jude vor seinen deutschen Mitbürgern in einer Kleingartensiedlung in Berlin versteckt hat, seiner kurzen Autobiografie auch den Titel »Trotz allem – ein Deutscher!«.

Viel Zeit ist vergangen, seit meine Freundin so tapfer »Die Gedanken sind frei« gesungen hat. Die Probleme von damals, mit dem Deutschen und dem Jüdischen und dem unabhängigen Denken, haben sich seither nicht verflüchtigt. Ich versuche jetzt aber, mich ihnen zu stellen, sie sind sogar ins Zentrum meines Lebens und meines Schreibens gerückt und waren vielleicht sogar der Antrieb zu Letzterem. Denn ich bin dann selbst Schriftstellerin geworden wie Max Frisch, der schon ein richtiger Schriftsteller war, als ich noch mit meinen Freundinnen im schwarzen Rollkragenpullover herumlümmelte. Aber er war noch mein Zeitgenosse, sogar Brecht war noch mein Zeitgenosse, wir haben noch die Luft derselben Atmosphäre geatmet. Frisch und Brecht haben diese Atmosphäre, die geistige jedenfalls, in der ich aufwuchs, geprägt. Kein zur Kunst strebender junger Mensch konnte sich den Strömungen dieser Atmosphäre entziehen, er musste sich darin behaupten, aber sie gaben ihm auch den Elan, den es braucht, um den Moment zu finden, sich an seinen Schreibtisch oder in ein Café oder sonst einen Ort zu setzen und zu versuchen, seine Gedanken und Ideen zu verfertigen und ihnen Gestalt zu geben, statt sie nur zu träumen. Diese Zeitgenossenschaft ist wahrscheinlich mindestens so prägend wie die Begegnung mit den Dichtern aus vergangener Zeit, die man sucht und bei denen man sich selbst wiederfindet.

Schreiben heißt ja wiederfinden. Die verlorene Zeit zum

Beispiel oder sich selbst. Frisch sagt an einer Stelle seines Tagebuchs: »Schreiben heißt sich selber lesen. Was selten ein reines Vergnügen ist, man erschrickt auf Schritt und Tritt, man hält sich für einen fröhlichen Gesellen und wenn man sich zufällig in einer Fensterscheibe sieht, erkennt man, dass man ein Griesgram ist.«

Ich bin aus einer ganz anderen Konstellation heraus Schriftstellerin geworden als Max Frisch – Frau, Jüdin, Deutsche und dazu noch aus dem Osten. Für einen fröhlichen Gesellen habe ich mich noch nie gehalten. Aber andere haben das getan und sind dann, wenn sie eines meiner eher traurigen Bücher gelesen hatten, gekommen und haben gefragt, aber sag mal – du bist doch sonst immer so lustig!

Der Antrieb zum Schreiben und der Wunsch, sich, in welcher Kunstform es auch sei, auszudrücken, speist sich wohl immer aus derselben Quelle, der Hoffnung, »dass das Chaos sich ordnen lasse, fassen lasse wie ein Satz, und die Form, wo immer sie einmal geleistet wird, erfüllt uns mit einer Macht des Trostes, die ohnegleichen ist«. So formuliert es Max Frisch, und ich empfinde es ganz genauso.

Diese Sätze, ebenfalls aus dem frühen Tagebuch 1946–1949, lässt er noch in seiner letzten Poetik-Vorlesung in New York im Jahr 1981 gelten. Das erstaunt mich und berührt mich, seine Bücher gab es ja schließlich schon, als ich noch eine Schülerin war, und ich hatte mir deshalb immer vorgestellt, dass so ein »gestandener« Schriftsteller diesen Trost gar nicht mehr nötig habe. Schließlich hatte Max Frisch es in seinen Arbeiten, im Drama und in der Prosa zu dramaturgischer Perfektion und höchstem ästhetischen Können gebracht und war sich darüber hinaus seiner Rolle als Schriftsteller wohl bewusst. Er nahm sogar die Rolle des »engagierten Schriftstellers« an, ohne sich dafür zu schämen und ohne sich über die Wirkungslosigkeit dieses Engagements Illusionen zu machen. Und vor allem, ohne ideologisch zu sein, sondern der Ideologie und aller ideologisch aufgeladenen Literatur zu misstrauen, da sie behauptet, Antworten geben zu können, statt zu fragen, zu klagen, zu suchen, zu beschreiben, zu beunruhigen. Denn das ist es, was die Literatur zu leisten hat, nicht mehr und nicht weniger, und es ist schon mutig genug, da die Menschen sich und allen anderen ja gerne irgendein Theater vorspielen, um nur ja nicht hinter die Kulissen schauen zu müssen, und wenn doch, dann andere für das Chaos, das sie da entdecken, verantwortlich zu machen – gerne Juden, Fremde, Klassenfeinde, Frauen oder Katzen.

Der Schriftsteller neigt dazu, sich immer wieder vergewissern zu müssen, was er da tut, darin besteht wahrscheinlich auch der Unterschied zu allen anderen Berufen. Schließlich erwirbt er keinen Titel, kann keinen Abschluss einer Ausbildung vorweisen, hat auch keine feste Stelle, und schon oder nur in diesem Sinne muss jeder Schriftsteller engagiert, sehr engagiert sogar sein, sonst würde er an manchen Tagen leicht den Mut verlieren, sich immer wieder dem Dienst an einer sozusagen höheren Wahrheit und der Suche nach Wahrhaftigkeit verpflichtet zu glauben.

»[...] gleichviel, wo Wahrhaftigkeit geleistet wird, sie wird uns immer einsam machen, aber sie ist das einzige, was wir entgegenstellen können: Bilder, nichts als Bilder und immer wieder Bilder, verzweifelte, unverzweifelte, Bilder der Kreatur, solange sie lebt«, formuliert es Max Frisch in seiner Büchner-Preis-Rede 1958.

Neulich war ich in Berlin zufällig in der Gegend, wo die »Möwe« gewesen war, in der Luisenstraße, und dachte plötzlich, ich werde mal nachsehen, was wohl aus ihr geworden ist. Aber ich konnte sie nicht mehr finden, sie war nicht mehr da, sogar das Gebäude konnte ich nicht wiederfinden, oder ich habe es nicht wiedererkannt. Eine der mir vertrautesten Ecken Berlins, abgelegen und ruhig damals, weil zu nah an der Mauer, hat nun nach dem Wegfall der Mauer die Topografie, die sie in meinem Kopf hatte, verloren und ihre ursprüngliche wiedergefunden. Wenn ich heute so ganz normal mit dem Bus aus dem Westen hinüberkomme, stimmt die alte Orientierung für die Ostlerin, die ich war, nicht mehr. Die Straßen haben sich sozusagen verlegt, gehen in völlig neue Richtungen, die ich nie gekannt habe, sie sind umstellt von Gebäuden, die ich nie gesehen habe, und Geschäften, die es nicht gab, und die »Möwe« ist nicht mehr auffindbar. Ja: »Häuser, Straßen, Avenuen sind flüchtig, ach! wie die Jahre.« Wie wahr ist dieser Satz von Marcel Proust!

In meinem Kopf aber existiert der Künstlerclub »Die Möwe« noch immer, und auch die russischen Kulturoffiziere leben noch in meiner Erinnerung, im Nachklang, nein im Klang der Erzählungen, die ich so oft gehört habe und denen ich in Max Frischs Tagebuch überraschend wiederbegegnet bin.

Und sogar die Meißner »Täßlein« habe ich noch alle im Schrank.

Jüdisches Schicksal?

Zum Elisabeth-Langgässer-Preis 2012, Alzey

Ist es eine Widmung oder ein Motto, das Elisabeth Langgässer ihrem Roman »Das unauslöschliche Siegel« voranstellt? *Commystis commito* – den Miteingeweihten gewidmet. Die *mystes* sind die Eingeweihten.

Das ist es, was mir die Lektüre von Elisabeth Langgässers Texten schwer macht. Ich fühle mich nicht als Mit-Eingeweihte, also eine, der das Buch gewidmet, für die es geschrieben worden ist. Bei der wiederkehrenden Stendhal'schen Widmung hingegen, die auch ein Motto ist, *To the happy few*, fühle ich mich selbstverständlich mit eingeschlossen, obwohl der Unterschied zwischen den *happy few* und den *commystis* nur eine Nuance ist, aber im Raum dieser Nuance geht es weniger geheimnisvoll, weniger dunkel zu. Vielleicht bin ich noch ein letztes Kind der Aufklärung, jedenfalls verspüre ich keine Neigung zum Mystischen, und am Judentum zieht mich seine helle, die Tagesseite, an und nicht die mystische, kabbalistische, von der so viele Nicht-Juden merkwürdigerweise glauben, sie repräsentiere das Jüdische in besonderer Weise. Das Gegenteil ist der Fall.

Ich bin also Jüdin. Der Langgässer-Preis stellt für mich eine gewisse Herausforderung dar, das Werk Elisabeth Langgässers, ihre Person, ihre Lebensgeschichte erscheinen mir schwierig und problematisch. Natürlich muss ich sie in ihrem katholischen Glauben akzeptieren und tue das auch, aber den Kampf, der auf jeder Seite ihres Werkes zwischen Gott, Satan, Vorsehung, Versuchung, Auferstehung, Gottheit Christi und den trotz Taufe noch immer schwankenden Juden und deren schließlich erfolgender gnadenvoller Erlösung und Wiedergeburt geschildert wird, und zwar in einer überzeitlichen, zauberischen Sprache, kann ich nicht mitkämpfen, auch deshalb nicht, weil alle diese Wörter auf allen Seiten stehen, um die Botschaft Christi zu übermitteln, die schon viele Generationen meiner Vorväter und Vormütter nicht gehört haben und nicht hören wollten. Abgesehen davon, dass ich Texte mit Botschaften nicht so mag.

Aber auch andere Leser Elisabeth Langgässers werden ihre Schwierigkeiten haben, wenn sie des Lateinischen nicht so mächtig sind, um die Widmung zu verstehen, die sie, wer weiß, ob gewollt?, von vornherein ausschließt, und sie werden wohl auch die unzähligen Referenzen und Metaphern aus der griechischen und römischen Mythologie nicht mehr in ihre eigene Sprache und Lebenswirklichkeit übertragen und mit der christlichen Glaubensunterweisung nicht viel anfangen können.

Den Namen Elisabeth Langgässer kannte ich nicht, bevor ich ihm in Cordelia Edvardsons Buch »Gebranntes Kind sucht das Feuer« begegnete. In der Bibliothek meiner Eltern, die meine frühen Lektüren bestimmte, gab es die Klassiker-Ausgaben und Heine und Rilke, die Manns, Brecht und eine wahrscheinlich nicht vollständige Gesamtausgabe von Sigmund Freud, die seine Tochter in London (bei Imago) herausgegeben hat, von wo sie meine Eltern mitgebracht hatten. Meine Mutter schenkte sie dann einem befreundeten Psychiater in der DDR, der sich über dieses Geschenk sehr gefreut haben dürfte, denn in der DDR wurde Freud natürlich nicht verlegt. Es gab auch den Roman »Die Thibaults« des Nobelpreisträgers von 1937, Roger Martin du Gard, ein französischer Schriftsteller des *Renouveau catholique*, an dem sich Langgässer in den dreißiger Jahren stark orientiert hat. Aber Werke von Elisabeth Langgässer fand ich in der Bibliothek meiner Eltern nicht, und ich kann mich auch nicht erinnern, ihren Namen je vorher gehört zu haben.

In der unerhörten Überlebensgeschichte ihrer Tochter Cordelia – alle Überlebensgeschichten sind unerhört – ist sie mir dann zum ersten Mal begegnet, also nicht als Autorin eines ihrer Werke, sondern in dieser schwierigen Mutter-Tochter Beziehung, um es vorsichtig auszudrücken. In diesem Buch erzählt die Tochter vierzig Jahre später, lange nach dem Tod Elisabeth Langgässers, die Geschichte, die ihre Mutter nicht erzählt hat, das heißt, sie stellt richtig, was die Mutter aus ihrer Perspektive nur angedeutet hat. Sie schildert, in deutlicher Sprache und ohne metaphysische Überfrachtung, ihre Deportation und ihr Überleben in Auschwitz, dem Ort, der viel dunkler war, als jedes mystische Erleben es je sein kann.

Kurze Zeit, nachdem Elisabeth Langgässer überhaupt erst vom Überleben ihrer Tochter erfahren hatte, bittet sie sie in einem Brief, ihr doch ihre Erfahrungen in »A.« im schriftlichen Bericht mitzuteilen; wiedergesehen haben sie sich erst später und auch nur noch ein einziges Mal. Den Namen Auschwitz schreibt sie nicht aus. Nur A. Kann sie es nicht, wagt sie es nicht, ist das schon eine Verharmlosung? Das muss es wahrscheinlich sein, denn sonst könnte sie in demselben Brief nicht behaupten, »in Wirklichkeit weiß ich ja alles [›weiß ich ja alles‹ unterstrichen], was ich aber brauche [brauche!], sind ganz reale Anschauungen!«

Alles in mir sträubt sich, wenn ich diese Zeilen lese, es bringt mich auf, ich empfinde es nicht nur als gefühllos, sondern eigentlich als unanständig. Aber es ist jetzt natürlich sehr leicht für mich, aufgebracht zu sein und zu urteilen und gar zu verurteilen oder über einen noch früheren Brief Elisabeth Langgässers entsetzt zu sein, in dem sie 1933 darum bettelt, doch wieder in die Reichsschrifttumskammer, aus der sie auf Grund der Rassengesetze ausgeschlossen worden war, sie galt, obgleich katholisch getauft, als Halbjüdin, aufgenommen zu werden, und zwar mit dem Argument, ihre künstlerische Begabung käme einzig und allein aus der rein arischen Linie ihrer mütterlichen Herkunft, sie sei doch auch mit einem Arier verheiratet und die jüdischen Verlage hätten sie alle mehr oder weniger boykottiert. Als sie keine Antwort erhält, wendet sie sich mit denselben Argumenten noch einmal direkt an Goebbels, der ihr natürlich auch nicht antwortet. Und setzt dann weiter, mit mäßigem Erfolg, alles in Bewegung, um nur ja auf der Bühne der deutschen Literatur präsent zu bleiben; das »innere Exil« sucht sie erst, als ihr kein anderer Weg mehr offensteht. Die Idee, auszuwandern, scheint ihr nie in den Sinn gekommen zu sein, obwohl Kollegen, enge Freunde und Bekannte, einer nach dem anderen das Land verließen.

In ihrer Korrespondenz aus dieser Zeit erscheint sie übelnehmend und selbstgerecht. Ich verstehe: Es ist eine schwere Zeit, sie möchte sich als Schriftstellerin behaupten, ihre Position ist unsicher und gefährdet und wird noch viel unsicherer und gefährdeter werden. Ihre Anstrengungen um Anpassung nutzen ihr nämlich nichts, die Rassengesetze belegen sie ein für alle Mal zu Zeiten des Dritten Reichs mit Publikationsverbot.

Zur gleichen Zeit, 1933, schreibt die Karmeliternonne Edith Stein ihre Autobiografie »Aus dem Leben einer jüdischen Familie«. Es ist vielleicht unfair, diese beiden Figuren miteinander zu vergleichen, Elisabeth Langgässer und Edith Stein, der Vergleich drängt sich mir jedoch auf. Edith Stein war knappe zehn Jahre älter als Elisabeth Langgässer und offensichtlich eine sehr viel intellektuellere Frau; sie promovierte bei Edmund Husserl und assistierte ihm mit Heidegger zusammen an der Universität Freiburg, ging durch Zeiten atheistischer Anschauungen und feministischen Engagements, interessierte sich also für »Frauenfragen«, in denen Elisabeth Langgässer besonders konservativ blieb, indem sie ein Ideal der Mütterlichkeit und Häuslichkeit beschwört, dem sie im Leben eigentlich überhaupt nicht entsprach.

Edith Stein hatte 1922, mit 31 Jahren, den katholischen Glauben angenommen, in Bergzabern, nicht sehr weit von Darmstadt, wo Elisabeth Langgässer zur gleichen Zeit als Lehrerin arbeitete, und trat später in das Karmeliterkloster in Köln ein. Gleich 1933, als sie ihre Autobiografie schrieb, nach den ersten antijüdischen Aktionen und Gesetzen, wandte sie sich an Papst Pius XII. und beschwor ihn in Briefen, die er wahrscheinlich nie gelesen hat, sein Schweigen zu brechen: »Wir fürchten das Schlimmste für das Ansehen der Kirche, wenn das Schweigen noch länger anhält.« Als sie schließlich aus dem inzwischen nach Holland emigrierten Kloster mit ihrer Schwester zur Deportation geholt wurde, soll sie zu ihr gesagt haben: »Komm, wir gehen für unser Volk.«

Dieses Zugehörigkeitsgefühl zum jüdischen Volk hat Elisabeth Langgässer nicht gespürt, hat es wahrscheinlich auch nicht spüren können, denn vielleicht wusste sie ja lange gar nichts von der jüdischen Herkunft ihres Vaters, insofern ist es schwer, überhaupt von einer wie auch immer gearteten jüdischen Identität zu sprechen, zu der sie sich hätte bekennen können, auch wenn ihr dann eine übergestülpt wurde, für die sie teuer bezahlt hat.

Für jemanden, der sich heute für Elisabeth Langgässer interessiert, wird ihr Werk von ihrer Lebensgeschichte überschattet, weil die dramatischer und tragischer ist als alles, was sie geschrieben hat. Ihr »Lebensroman« erzählt viel mehr von den oft tödlichen Widersprüchen und unlösbaren Problemen, denen ein Mensch, eine Frau mit einem unehelichen jüdischen Kind dazu, unter einem totalitären Regime ausgesetzt ist.

Statt ins Exil zu gehen, wie so viele ihrer Schriftstellerkollegen und nahe, auch nichtjüdische Freunde, mit denen sie noch lange im Briefkontakt bleibt, zieht sich Elisabeth Langgässer in das sogenannte »innere Exil« zurück, schafft sich eine parallele Welt im Schreiben ihres großen, christlich-mythischen Romans »Das unauslöschliche Siegel« und christlich mystischer Naturlyrik, während ihre Tochter den gelben Stern trägt und auf Berlin, wo sie jetzt lebt, Bomben fallen und drei Straßen weiter vom Bahnhof Grunewald die Deportationszüge losfahren.

Der von ihr bewunderte George Bernanos hingegen, auch ein Vertreter des französischen *Renouveau catholique*, zieht, obwohl sehr konservativ, sogar monarchistisch eingestellt, sofort seine Konsequenzen, geht ins Exil und findet deutliche Worte in seiner Ablehnung, ja, Abrechnung sowohl mit dem faschistischen Franco-Regime als auch dem französischen Vichy-Regime. Und auch wenn er einen Satz, über den heute noch gestritten wird, gesagt hat: »Hitler hat den Antisemitismus entehrt«, hat er seinen, wenn ich so sagen darf, angeborenen christlichen Antisemitismus (der aber in seinen Werken keine Rolle spielt) später deutlich revidiert.

»Was sind das für Zeiten, wo / Ein Gespräch über Bäume fast ein Verbrechen ist, / Weil es ein Schweigen über so viele Untaten einschließt!«, dichtete Brecht im schwedischen Exil. Aber die Dichterin in Berlin scheint es anders empfunden zu haben, sie flüchtete sich in ihre Naturlyrik und den Roman, mit dem sie sich, wie sie selbst sagt, eine Zeit der Askese und geistigen Einkehr schaffen kann. Schon seit den dreißiger Jahren zählt sie sich zu den »Stillen im Lande«. Ein Ausdruck, der zum Synonym für eine ganze Gruppe von christlichen Schriftstellern wird, die damit einen Rückzug aus der nationalsozialistischen Lebenswelt in eine christliche innere Welt meinen und darüber hinaus eine Wendung zu Abgeschiedenheit und dem Gebet allgemein.

Die Formulierung »die Stillen im Lande« ist Psalm 35 entlehnt. Das Wort, das die christliche Bibel mit »still« übersetzt, ist ein sehr selten vorkommendes hebräisches Wort, das deshalb viel kommentiert und gedeutet worden ist. In Analogie zu Hiob 7,5 wird es von den mittelalterlichen jüdischen Kommentatoren Raschi und Menachem Meiri mit »gebrochenem Herzen« übersetzt und im Kommentar als Metapher für das jüdische Volk gelesen, dessen Feinde jede nur mögliche Art der Verleumdung ersinnen und sich freuen, je mehr sie die Juden leiden und von einem Ort zum anderen deportiert sehen, »Héah, héah, rufen sie dazu«, vor lauter Freude, sagt der nächste Vers des Psalm 35. Ich finde es interessant, wie die Verfolgten mit den gebrochenen Herzen in der christlichen Lesart dann zu den »Stillen« geworden sind.

Der Begriff des »inneren Exils« ist mir schwer nachvollziehbar, denn wo »innen« soll es denn ein Exil geben? Ist es nicht vielmehr ein Euphemismus für wegsehen, sich in andere Zeiten träumen und auf bessere Zeiten hoffen? Macht man sich damit nicht doch zu einem Werkzeug oder wenigstens einer Schraube im System, vor dem man glaubt, so flüchten zu können? Diese Problematik gilt ja für alle totalitären Systeme – wann geht die Anpassung in Kollaboration über? Und kann sich das System nicht nur so lange aufrechterhalten, wie es von allen mitgetragen wird? Die Frage danach, wie sehr sich der Einzelne an dem totalitären System mitschuldig macht, ist schmerzhaft, und er wird es vorziehen, sich lieber selbst als Opfer zu fühlen.

Nach dem Krieg wird Elisabeth Langgässer über Anna Seghers, die über viele Stationen des Exils schließlich in Mexiko die Nazizeit überlebte, schreiben, sie sei aus »naturhafteren Landstrichen zurückgekehrt«. Wie meint sie das? Wahrscheinlich so, wie es die meisten anderen Autoren der »inneren Emigration« meinten, nämlich dass die Rückkehrer aus den Ländern des Exils der deutschen Tragödie von bequemen Logenplätzen (naturhafteren Landstrichen) aus zugesehen hätten, wie die Formulierung in der berühmt gewordenen Kontroverse zwischen Frank Thieß, einem Schriftsteller der »inneren Emigration«, den nun wirklich keiner mehr kennt, und Thomas Mann lautete und auch von Elisabeth Langgässer in einem Brief an ihren in die Schweiz emigrierten katholischen Freund Karl Thieme gebraucht wird.

Ich finde, dass sich Elisabeth Langgässer für eine glaubensstarke Christin, die in allen ihren Werken die christliche Botschaft zu verbreiten sucht, in ihren Briefen zu sehr beklagt, selbst Opfer zu sein, statt eine Dankbarkeit für das Verschont-Worden-Sein zu empfinden und auszusprechen. Das wäre doch für einen religiösen Menschen ein Feld der Bewährung, dass er die Gefährdung, der er ausgesetzt war, zumindest nicht denen gegenüber vor sich herträgt, die das Exil gewählt hatten und es oft gerade noch mit heiler Haut erreichen konnten. Doch deren Unbehaustheit, Verzweiflung und Nöte mochte sie offenbar nicht anerkennen. »Fast drei Jahre nach dem Krieg lebt ein geistiger Mensch, der noch dazu ein Verfolgter war, immer noch von zufälligen Almosen. Da stimmt doch etwas nicht«, beklagt sie sich bei ihrem nach Amerika ausgewanderten Freund Waldemar Gurian, er möge ihr doch bitte dringend Aufträge verschaffen, für eine regelmäßige Kolumne in einer amerikanischen Zeitung etwa.

Es ist so, Juden empfinden es immer als kränkend, ja, als Verrat, wenn sie hören, dass einer von ihnen zu einer anderen Religion übertritt, meistens eben zum Christentum. Die Juden sehen das als eine Desertion an, eine Feigheit, das Schicksal als Minderheit nicht mehr teilen zu wollen und zu glauben, sich durch die Taufe einen komfortableren Platz im Schoße der Mehrheitsgesellschaft erkaufen zu können – das, was Heinrich Heine das »Entréebillet in die Gesellschaft« genannt hat. Ich sage bewusst, glauben zu können, da die getauften Juden noch lange in erster Linie als Juden und erst dann als getauft angesehen wurden, lange bevor die Nazis die Taufe sowieso als völlig irrelevant für ihre Rassentheorie ansahen. Viele Juden jedoch, die einer kulturellen Elite angehörten, nahmen die Taufe offensichtlich aus einer echten inneren, religiösen Hinneigung an und keineswegs aus gesellschaftlichem Opportunismus.

Warum war das so?

Seit die Juden in der Diaspora leben, und das ist schon eine ganze Weile, hat sich jüdisches Bewusstsein einzig und allein daraus speisen können, sich den reichen Inhalten, die in Tora und Talmud festgehalten sind, von jeweils neuem Standpunkt aus zu stellen, sie sich neu anzueignen und bezogen auf wechselnde Zeiten und Orte neu zu interpretieren. Die »Lehre« also, wie man das meistens nennt, war die Heimat der Juden, die ansonsten unter den verschiedensten Völkern im Exil lebten, innerhalb deutlicher Grenzen von ihnen abgetrennt, natürlich immer in der Hoffnung, dass dieses Exil einmal enden wird. Im biblischen 1. Buch der Chronik (16, 22) steht ein Satz, der in der Luther-Bibel lautet: »Tastet meine Gesalbten nicht an, und tut meinen Propheten kein Leid.« Der Talmud aber liest ihn so: »Meine Gesalbten – das sind die Schulkinder, und die Propheten – das sind unsere Gelehrten.«

Nur das Lernen und Wissen kann als einzige Tradition ein jüdisches Zugehörigkeitsgefühl vermitteln, denn im Gegensatz zu der weitverbreiteten Meinung, Judentum speise sich hauptsächlich aus der Erinnerung, ist das Gegenteil wahr: Judentum lebt immer in der Gegenwart, denn wenn es keine textbezogene Gegenwart hat, ist es, bei aller Anstrengung um Kultus und Ritus und koscherer Küche und einer wie auch immer gearteten Kultur, nur ein jüdisches Museum. Und aus eben diesem jüdischen Museum zogen die Juden seit ihrer Emanzipation auf dem rauschhaften »Weg ins Freie« aus, weil es, gemessen an Goethe und Schiller und allen Errungenschaften der Moderne, so langweilig zu sein schien.

Eduard Langgässer, Elisabeths Vater, stammte aus Mainz, eine der ältesten jüdischen Gemeinden Deutschlands, der Märtyrergemeinde des Jahres 1096, als die Kreuzfahrer des ersten

Kreuzzugs auf ihrem Weg ins Heilige Land schon mal »Rache für Jesu Blut« an den Juden nahmen, auf die sie in den Städten der Rheinebene trafen. Zwar traten die Juden ihnen auch mit Waffen entgegen, »Groß und Klein gürteten sich«, wie es in einer zeitgenössischen Schilderung heißt, sie hatten aber kaum eine Chance gegen die kampferprobten und kampfeshungrigen Kreuzritter und den Pöbel, der immer gerne auf Juden mit dreinschlug. Die Bischöfe versuchten zwar, die Juden zu schützen, vermochten es aber nicht. Die Mainzer Gemeinde ging in einem kollektiven Selbstmord unter. Man hatte sie vor die Wahl gestellt, Taufe oder Tod, und sie wählten den Tod. Über dieses Ereignis gibt es jüdische und nichtjüdische Berichte; eines der eindrucksvollsten Zeugnisse ist das ergreifende Trauerlied »Une Tane Tokef«, das wir noch heute im langen Gottesdienst von Rosch Haschana und Jom Kippur singen und das einer breiten nichtjüdischen Öffentlichkeit durch Leonard Cohens Song »Who by fire« bekannt ist, der ganz eng an den letzten Versen des hebräischen Originals bleibt.

Elisabeth Langgässers Vater wird in der Synagoge seiner Kindheit und frühen Jugend vielleicht diese poetischen Zeilen im hebräischen Original gehört haben, ohne sie zu verstehen, genau wie er den Rest, der da, von Orgelmusik begleitet, gebetet wurde, nicht verstand. Wahrscheinlich wird sich Eduard Langgässer, genau wie Franz Kafka, der das seinem Vater im »Brief an den Vater« vorwirft, nie in seinem Leben so gelangweilt haben wie in der Synagoge.

Es gibt unendlich viele Zeugnisse über diese gelangweilten Juden, auch die Väter langweilten sich ja schon. Joseph Roth beschreibt es so: »Sie beten nicht mehr in Synagogen und Bethäusern, sondern in langweiligen Tempeln, in denen der Gottesdienst so mechanisch ist wie in jeder besseren protestantischen Kirche. Sie werden Tempeljuden, das heißt: guterzogene, glattrasierte Herren in Gehröcken und Zylindern, die das Gebetbuch in den Leitartikel des jüdischen Leibblattes packen, weil sie glauben, man erkenne sie an diesem Leitartikel weniger als an dem Gebetbuch. [...] Die Großväter kämpften noch verzweifelt mit Jehova, schlugen sich die Köpfe wund an den tristen Mauern des kleinen Bethauses, riefen nach Strafe für ihre Sünden und flehten um Vergebung. Die Enkel sind westlich geworden. Sie bedürfen der Orgel, um sich in Stimmung zu bringen, ihr Gott ist eine Art abstrakte Naturgewalt, ihr Gebet ist eine Formel. Und darauf sind sie stolz! [...] Das nennt man dann: westliche Kultur haben.«* Wie viele haben dieses entleerte »Tempeljudentum« beklagt, und einige von ihnen konvertierten dann zum Christentum, Hermann Broch, Edmund Husserl, Max Scheler, Joseph Roth, Alfred Döblin, um nur bekannte Namen zu nennen.

Es gab also ein großes Unbehagen in der assimilierten jüdischen Kultur, die das Jüdische so weit an die umgebende Kultur assimiliert hatte, bis so gut wie nichts mehr übrig blieb vom Ringen mit Gott, von dem Israel schließlich seinen Namen hat, als Konvention, nur noch ein sozusagen aus Höflichkeit aufrechterhaltenes Brauchtum. Die geistige Leere konnte damit nicht gefüllt werden. Mehrere Generationen haben ihre Energien in einer großen Anpassungsleistung verausgabt, im Glauben an »die Verschmelzung mit einer Umgebung, die ihnen im Großen und Ganzen gleichmütig bis wenig wohlwollend gegenüberstand«, wie Gerschom Scholem in seinen Erinnerun-

* Joseph Roth, Juden auf Wanderschaft

gen »Von Berlin nach Jerusalem« konstatiert. »Die Fähigkeit zum Selbstbetrug gehört zu den wichtigsten und trübseligsten Aspekten der deutsch-jüdischen Beziehungen.«

Auch Franz Kafka schreibt in seinen Tagebüchern und Briefen ausführlich über dieses Unbehagen in der westjüdischen Kultur, bezeichnet sich selbst als den westjüdischsten von allen und bedauert es, denn für den Westjuden »muss alles erworben werden, nicht nur die Gegenwart und die Zukunft, auch noch die Vergangenheit, etwas, das doch jeder Mensch mitbekommen hat, auch das muss erworben werden und das ist vielleicht die schwerste Arbeit«.

Die angesammelte Leere ist wahrscheinlich auch dem traditionellen rabbinischen Judentum anzulasten, das keine wirkliche Antwort auf den Prozess der Emanzipation, den Weg in eine offenere Gesellschaft, gefunden hat. Im Osten, in Litauen und Polen, hielten sich die großen klassischen Talmudhochschulen und chassidischen Gemeinden noch, aber diese Modelle wurden in den jüdischen Hauptstädten des Westens, den Kapitalen der K.-u.-k.-Monarchie Wien, Budapest, Prag, aber auch in Berlin, Breslau, Frankfurt als »gestrig« angesehen.

Zwar versuchte die Neo-Orthodoxie, die mit dem Namen des Frankfurter Rabbiners Samson Raphael Hirsch verbunden ist, das, was sie für moderne Kultur hielt und sich dabei an einer wilhelminischen konservativen Kultur orientierte, mit der Tora zu verbinden und gab die Losung *tora im derech erez* heraus, Tora und Lebensart, Kultur im weitesten Sinne also, ein Projekt der Restauration, das spätestens in der Schoa unterging. Die Neo-Orthodoxie mit ihren Austrittsgemeinden war ein Versuch, sich von den Reformbestrebungen abzugrenzen, die die Synagoge eben in einen »Tempel« verwandelt hatten, in dem die glattrasierten Herren in Gehröcken und Zylindern hofften, nicht mehr als Juden kenntlich zu sein und doch noch von einer »verquälten Gemeinschaftssehnsucht« geplagt waren, wie Kafka es nennt und sich darin natürlich mit einschließt.

»Das Lernen, in dem einzig der Schlüssel zum Judentum liegt«, wie der Rabbiner Joseph Carlebach nach einer Reise zu den Juden im Osten noch einmal konstatierte*, war in Westeuropa zugunsten von Theatervorstellungen aufgegeben, die das Theaterstück »Jüdisches Leben« auf dem Programm hatten, in dem jüdische Sozialarbeit, jüdische Kultur-, Sport-, Musik- und sonstige Vereine wichtige und nützliche Rollen spielten, aber das Eigentliche aussparten. Vielen gaben diese Vereinsaktivitäten aber keine Antwort auf ihre Aspirationen nach einem authentischen jüdischen Leben, sie eröffneten ihnen keinen Zugang zu seinen intellektuellen Schätzen, den talmudischen und nachtalmudischen Texten und ihren zahlreichen Kommentaren. Franz Rosenzweig suchte mit dem Projekt des später gegründeten Frankfurter Freien Jüdischen Lehrhauses diese »gebildeten Juden dem Judentum zurückzugewinnen, die ihre geistige und intellektuelle Heimat außerhalb des Judentums sahen«.**

Eine andere Antwort auf die beschriebene Leere als die Taufe gab zu Beginn des 20. Jahrhunderts auch die kommunistische Bewegung mit der Idee, eine messianische Gesellschaft zu

* Keren Hathora, Fahrt zu jüdischen Kulturstätten des Ostens, in: Joseph Carlebach, Ausgewählte Schriften Bd. 2, 1982

** Zit. nach Deutsch-Jüdische Geschichte in der Neuzeit, Bd. 4, München 1997, S. 137

schaffen. Eine Idee, an die das Judentum verhältnismäßig viele Söhne und Töchter verlor, unter anderen meine Eltern. Vor allem in der Zeit nach dem Ersten Weltkrieg war in der allgemeinen Orientierungslosigkeit eine Phase neuer Erlösungshoffnungen angebrochen.

Ein dritter Weg war der Zionismus, der vielen Juden in ihrem Unbehagen eine neue Orientierung gab, ja, ihnen damit sogar zu einer Art Erweckung verhalf. Martin Buber hat mit seiner Variante des Kulturzionismus eine ganze Generation junger Juden mobilisiert, ihre jüdische Seele zu suchen. Viele von ihnen hatten im Ersten Weltkrieg als Soldaten in der Begegnung mit den Ostjuden einen jüdischen Stolz in sich wiedergefunden. Franz Rosenzweig, der gerade der Versuchung der Taufe widerstanden hatte, schrieb im Schützengraben nicht nur sein großes Werk »Der Stern der Erlösung«, sondern auch unzählige Briefe an seine Mutter, in denen er von diesen Begegnungen berichtet, darüber, »wie der deutsche Durchschnittsjude die Verwandtschaft mit dem Ostjuden nicht mehr spürt, [...] er ist wirklich verphilistert, verbourgeoist«.*

Einige deutsche Juden traten also den Weg ins Innere des Judentums an, die Idee des Zionismus machte klar, dass dies kein Weg zurück, in eine Zeit vor der Emanzipation sein konnte, sondern es sich im Gegenteil darum handelte, sich jetzt als Nation insgesamt zu emanzipieren. Martin Buber beschwor in seinen Prager »Drei Reden über das Judentum«, die er vor einem zahlreichen Publikum, darunter Kafka und Brod und der ganze Bar-Kochba-Freundeskreis, die »Jüdische Erneuerung«, eine Wiedergeburt im Sinne eines ursprünglichen »Urjuden-

* Brief vom 23.5.18, in: Franz Rosenzweig, Briefe und Tagebücher, 1979

tums«, von dem die Zionisten glaubten und noch heute glauben, dass dieses Werk nur im Lande unserer Väter zu realisieren sei. Viele aus diesem Kreis re-judaisierter Juden sind dann tatsächlich sehr früh nach Palästina aufgebrochen und haben dort die kulturellen Einrichtungen, Bibliotheken, Archive, die Universität aufgebaut, ja, überhaupt erst einmal geschaffen. Sie blieben also doch wieder bei der Kultur. Es gibt die hübsche Anekdote, wie sich die Herren bei irgendeinem Aufbauwerk in Palästina die Backsteine gegenseitig mit »bitte, Herr Doktor«, »danke, Herr Doktor« weiterreichen.

Sogar Kafka spielte mit dem Gedanken, nach Palästina zumindest zu reisen, sein alter Schulfreund Hugo Bergmann, der spätere erste Direktor der National- und Universitätsbibliothek in Jerusalem, hielt für ihn dort ein Gästebett in seiner kleinen Wohnung bereit, in dem dann aber statt Franz Kafka Gerschom Scholem seine ersten Tage und Nächte im Heiligen Land verbrachte.

In den zwanziger Jahren übersetzte Franz Rosenzweig gemeinsam mit Martin Buber die hebräische Bibel neu, sie gaben ihr den Titel »Die Schrift«. Es ist, nach der Übersetzung von Leopold Zunz von 1838, eine weitere neue jüdische Übersetzung nach Mendelssohn, allerdings aus entgegengesetzten Motiven. Während Mendelssohn 1783 den deutschen Text noch mit hebräischen Buchstaben schrieb, um den deutschen Juden statt des gesprochenen jüdisch-deutschen Dialekts ordentliches Deutsch beizubringen, strebten Buber und Rosenzweig das Gegenteil an, nämlich den des Hebräischen unkundig gewordenen deutschen Juden des 20. Jahrhunderts eine Ahnung davon zu geben, was im hebräischen Original steht. Die Unternehmung war seinerzeit über alle Maßen erfolgreich, wie fragwürdig uns heute die bereits damals kritisierte archaisierende und neoromantische Sprache auch erscheinen mag. Wenn jemand sie aber wie ich begleitend bei der Lektüre des hebräischen Textes benutzt, kann sie auch heute noch aufschlussreich sein.

Ungefähr zur gleichen Zeit unternahm Micha Josef Bin Gorion eine Sammlung und Ausgabe der »Sagen der Juden«, die nach seinem Tod 1921 von seinem Sohn Emanuel, der ein enger Freund von Elisabeth Langgässer war, vollendet wurde. Die Sagen der Juden sind die aggadischen Texte, der Midrasch, also die Erzählungen, Legenden und Märchen, die den Talmud und die rabbinischen Schriften umranken und durchziehen, und sie sind ebenso wie die mehr gesetzesauslegenden Diskussionen Quelle des »Lernens«, indem sie sozusagen ein Echo der Textstellen bilden, auf die sie sich beziehen und in ihren Sub- und Metatexten poetisch, manchmal geradezu aberwitzig und paradox bis zum Extrem ausschöpfen und interpretieren. Große Schätze der jüdischen Überlieferung wurden so auch für ein breites, des Hebräischen nicht mehr mächtigen Publikum gehoben, die diese Bücher dann neben ihren Goethe ins Regal stellten oder aber in einem jüdischen Lehrhaus oder jüdischen Volksheim gemeinschaftlich lasen.

Die erhoffte jüdische Wiedergeburt allerdings fand dann doch nicht statt, jedenfalls nicht in Deutschland, wo sich gleichzeitig die Herrschaft derer vorbereitete, die die Ausrottung der Juden beschlossen und ins Werk zu setzen sich anschickten. Die assimilierten Juden und die Juden, die ihr Judentum neu zu beleben suchten, die gesetzestreuen und die atheistischen, die sozialistischen und kommunistischen, die konservativen und deutschnationalen und auch die getauften Juden, Mann, Frau, Kind oder Greis, wurden alle gemeinsam und nicht nur in Deutschland ermordet oder vertrieben. Nur die frühzeitig nach Palästina ausgewanderten Zionisten blieben verschont und wurden dadurch in ihrem Projekt gestärkt.

Die jüdische Renaissance fand nach dem Krieg in Israel und den USA und auch in Frankreich statt, wo sich eine neue Generation von Juden in neuen Gedanken, neuen Projekten, neuen Lebensentwürfen, in vielen verschiedenen Strömungen ihre alte Identität neu zu erfinden suchte. Dazu gehörte auch, ein Verständnis, eine historische und auch religiöse Lesart dafür zu finden, was neuerdings Schoa genannt wird und vorher Holocaust hieß, zwei Wörter aus fremden Sprachen, die Worte wie Verfolgung, Vernichtung, Ermordung mehr verschleiern als benennen, wie ich finde. Über die Sinnlosigkeit dieses großen Mordens ist oft gesprochen worden, und die Verwendung des Wortes Holocaust, das ja ein Opfer, genauer gesagt ein Ganzopfer bezeichnet, entstammt vielleicht dem Wunsch, diesem Morden einen Sinn zu verleihen. Auch Elisabeth Langgässer hat die Judenvernichtung in ihrem letzten Roman, »Märkische Argonautenfahrt«, als »Feueropfer« gedeutet, wenn ich es richtig verstehe, lange bevor sich die Bezeichnung Holocaust einbürgerte. Mich befremdet diese Lesart in beiden Fällen, und ich kann dieser Deutung nicht folgen.

Ich muss Elisabeth Langgässer als offensiver Katholikin natürlich ihren Glauben und ihre Lesart lassen. Ihr Schicksal ist kein jüdisches, auch wenn sie von wahnsinnigen Rassengesetzen jüdisch »heimgeholt« wurde, um es bitter auszudrücken.

Natürlich weiß ich auch nicht genau, was »jüdisches Schicksal« ist, aber ich denke, es wäre eines, in dem man seine Zugehörigkeit zum jüdischen Volk annimmt, notfalls auch verteidigt, wie die Helden Chanukkahs, die sich gegen die erzwungene Assimilation mit Waffen wehrten und denen schließlich ein Wunder geschah – eben das Chanukkah-Wunder. Es war leider das letzte Wunder, das dem jüdischen Volk geschah. Für die Männer und Frauen des Widerstands von Mainz 1096 und denen des Warschauer Ghettos 1943 gab es keine wunderbare Errettung, sie bleiben uns als Märtyrer in Erinnerung. Ein Märtyrertum, das sie nicht gesucht haben, Juden ziehen in fast allen Fällen vor, am Leben zu bleiben, denn es ist ihnen geboten, »wähle das Leben.«*

In weniger dramatischen Situationen reicht es ja aus, sich wie Franz Rosenzweig, nachdem er lange mit der Idee der Taufe gerungen hatte, zu entscheiden: »Ich bleibe also Jude.«

* 5. Buch Moses, 30,19

Wie viel Charakter braucht der Künstler?

Zum Ricarda-Huch-Preis 2015, Darmstadt

Daran gemessen, dass von ihren vielen Büchern die meisten nur noch antiquarisch zu haben sind und wahrscheinlich nicht mehr oft gelesen werden, ist es doch erstaunlich, *wie* bekannt der Name Ricarda Huch bis heute ist und wie viele Veröffentlichungen, auch in den letzten Jahren, über sie erschienen sind und immer weiter erscheinen. Dabei ist es auffällig, dass diese Veröffentlichungen eigentlich weniger ihrem Werk als ihrem Leben gelten, von dem offenbar die stärkere Ausstrahlung des Namens ausgeht. Dem Leben einer freien Schriftstellerin und einer Frau, der ihre Freiheit das Wichtigste in ihrem Leben war, Freiheit, die sie als etwas »Unvergängliches, Unersetzliches, etwas allen Menschen zu jeder Zeit Notwendiges, die Luft, in der der Geist atmet« bezeichnet. Diese Formulierung findet sich in ihrem Buch »Das Zeitalter der Glaubensspaltung« im Zusammenhang mit den »Dunkelmännerbriefen« von 1515, von denen sie meint, sie seien »das einzige von Humanisten verfasste schriftstellerische Kunstwerk, das die Zeit überdauert hat und dauern wird«, solange die Geistesfreiheit aufrichtige Anhänger hat.

Weil sie eine Beeinträchtigung dieser Geistesfreiheit befürchtete, nahm sie schon 1926 die Berufung an die Preußische Akademie, immerhin als erste Frau überhaupt, nur sehr zögerlich an und hat die Akademie später schließlich sozusagen Türen schlagend wieder verlassen, als sich ihre Befürchtung in wahrscheinlich ungeahnter Weise bewahrheitete. Ausgerechnet der so viel modernere, avantgardistischere, einst expressionistische Dichter Gottfried Benn hatte nämlich am 15. März 1933 allen Mitgliedern der Akademie, in die er selbst erst 1929 gewählt worden war, eine von ihm verfasste Ergebenheitserklärung an das neue Regime vorgelegt, die sie mit Ja oder Nein zu beantworten hatten.

In den folgenden Jahren wird der so moderne Dichter noch einige Erklärungen dieser Art abgeben: »Der Nationalsozialismus ist heute eine feststehende geschichtliche Erscheinung, seine Fundamente sind eingelassen in den glanz- und opfergetränkten Boden Europas.« Er wird Züchtungen der weißen Rasse propagieren und auf dem Tiefpunkt seiner Anpassungsbemühungen an das neue Regime öffentlich mit den Emigranten »an ihren Badeorten« abrechnen, sie als »bürgerliche 19. Jahrhundert-Gehirne« herabsetzen, die sich dem »Neubau eines Staates, der so einzig ist«, feige entziehen.

Ricarda Huch hingegen hatte sich nicht nur geweigert, die Loyalitätsadresse zu unterschreiben, sie entzog sich auch den Werbungen der Nationalsozialisten und distanzierte sich ein für alle Mal von dem Deutschtum, wie sie es verstanden, bis sie schließlich ihren Austritt aus der Akademie erklärte. »Hiermit erkläre ich meinen Austritt« ist wahrscheinlich der bekannteste Satz von Ricarda Huch, bekannter als irgendein Satz aus einem ihrer Werke, während Gottfried Benns Gedichte noch in allen Anthologien deutscher Dichtung zu finden sind und wohl auch noch gelesen werden.

Dutzende Schulen und Straßen tragen in ganz Deutschland den Namen Ricarda Huchs, über die Benennung einer Straße nach Gottfried Benn zum Beispiel in Berlin, wo er die meiste Zeit seines Lebens verbrachte, wird heute noch debattiert,

Schulen, die seinen Namen tragen, gibt es ebenso wenig, wie es in Frankreich Louis-Ferdinand-Céline-Schulen oder -Straßen gibt, obwohl auch er als großer französischer Autor gilt, so wie Benn als deutscher. Ausgerechnet Benn schrieb dann 1955 im Vorwort zu einer Anthologie expressionistischer Lyrik den Satz: »Man muß als Künstler nicht nur Talent, sondern auch Charakter haben, tapfer sein.« Damit meinte er wohl den künstlerischen Mut, nicht gefällig zu schreiben, Konventionen zu brechen und sich damit dem Unverständnis des Publikums auszusetzen. Führt aber der Mut zum Unkonventionellen in der Kunst schon zur Tapferkeit im Leben?

Wie viel Charakter braucht der Künstler?

Wir wünschen uns, dass der große Schriftsteller, den wir für seine Kunst bewundern, der für unser eigenes Schreiben und Lesen, ja vielleicht sogar für unser Leben wichtig ist, auch in seinem Leben wenigstens kein völliger moralischer Versager sei. Vielleicht ist es ja auch nicht ganz falsch zu denken, dass ein widerlicher Schuft, oder sagen wir, jemand, der über das normale Maß menschlicher Schwäche und Eitelkeit hinaus einem verbrecherischen politischen System zu Diensten ist, nicht gleichzeitig ein wahrhaft großer Künstler sein kann. Ich wage zu behaupten, dass man aus der Kälte und dem Zynismus der Benn'schen Gedichte und der antibürgerlichen Rage von Célines Romanen eine Misanthropie, um nicht zu sagen Unmenschlichkeit, von denen der Antisemitismus ja nur eine Ableitung ist, herauslesen kann.

Antisemitismus ist uns jedoch leider von fast allen unseren großen und sogar allergrößten Dichtern, Denkern und Aufklärern überliefert. Von Goethe und Kant und Hegel und Voltaire und vielen anderen. Unkenntnis und Abwehr durch Herabsetzung des Judentums gibt es schon so lange, wie es Juden gibt, und scheint über die Jahrhunderte schon fast ein »natürliches« Verhalten der Völker und auch ihrer gebildeten Schichten geworden zu sein.

Die Schriftsteller und Künstler aber, die sich tyrannischen Systemen an den Hals werfen, die Hymnen auf Hitler und Oden an Stalin verfassen, warum machen sie das? Ist es echte Identifizierung mit den primitiven Parolen plumper Ideen, die Verschmelzungssehnsucht mit einer »großen Sache«, der Wunsch, Tabula rasa zu machen, vom anstrengenden Pfad des differenzierenden Nachdenkens auf die breite Chaussee der gerade angesagten Parolen zu wechseln?

Bei denen, die Oden an Stalin schrieben, war es wahrscheinlich auch die nackte Angst, ein wenn auch unsicheres Mittel, sich das Überleben zu verdienen, so wie bei Johannes R. Becher, der im Moskauer Exil so viele seiner Genossen in den Gulag oder den Tod, meistens in beides, hat verschwinden sehen. Warum aber musste Stephan Hermlin seine Anthologie »Deutsches Lesebuch«, in der er 1976 beim Reclam Verlag Leipzig die Perlen der deutschen Literatur versammelte, noch mit Bechers »Gruß des deutschen Dichters an die Russische Föderative Sowjetrepublik« enden lassen? Auch Stephan Hermlin war so einer, der in der Sorge, sich die Gunst der Herrschenden zu erhalten, seine dichterische Energie verschwendet hat.

Johannes R. Becher und Gottfried Benn, die beiden ehemaligen expressionistischen Dichter, kann man in ihrer jeweiligen Propaganda-Prosa und -Poesie zugleich am Tiefpunkt ihrer Kunst sehen. Also haben Stil und Charakter vielleicht doch etwas miteinander zu tun? Propaganda ist immer Lüge, und ein echtes Kunstwerk kann kein Lügenwerk sein.

Für jemanden, der wie ich in der DDR aufgewachsen ist und dort die ersten Jahre seines Künstlerlebens verbracht hat, waren diese Fragen nicht nur theoretisch, denn es war ein Künstlerleben zwischen Konsens und Konflikt, und es kostete viel Energie, sich von beidem nicht völlig aufzehren zu lassen, sich nicht in völliger Anpassung zu verlieren oder im Konflikt in zu große Gefahr zu bringen. Deswegen haben auch so viele Künstler dieses Land, das auch noch in jedem Detail des täglichen Lebens von Ideologie beherrscht war, verlassen, und das hat nach der Wiedervereinigung dann ein ähnliches Unverständnis und gegenseitige Anschuldigungen zwischen den Dagebliebenen und denen, die gegangen waren, hervorgerufen wie, wenn auch in dramatischerem Ausmaß, die Begegnung oder besser Wiederbegegnung zwischen den aus dem Exil Heimgekehrten und denen, die für sich den Zustand einer »inneren Emigration« während der nationalsozialistischen Herrschaftsjahre behaupteten.

Ricarda Huch gehörte zu den Letzteren, und auch ihr fiel es offensichtlich schwer, den Emigranten ihr Weggehen nicht vorzuwerfen. Dabei nimmt sie die bedrohten Juden selbstverständlich aus. Sie meinte, das sozusagen richtige, das bessere Deutschland zu vertreten, sie fühlte sich verantwortlich für *ihr* Deutschland, von dem sie schon in dem Briefwechsel, der dem Akademieaustritt voranging, sagte: »Was die jetzige Regierung als nationale Gesinnung vorschreibt, ist nicht mein Deutschtum. Die Zentralisierung, den Zwang, die brutalen Methoden, die Diffamierung Andersdenkender, das prahlerische Selbstlob halte ich für undeutsch und unheilvoll.«

Das klingt beeindruckend, und noch beeindruckender klingt für mich der Brief, den sie 1933 dem inzwischen emigrierten ehemaligen Akademiekollegen Alfred Döblin schreibt: »Im Sommer war ich in Berlin und fragte nach Ihnen, konnte aber Ihre Spur nicht finden. Sollten Sie in Palästina sein? Wenn ich ein Jude wäre, ginge ich hin, vielleicht sogar, wenn ich nur jung wäre, auch ohne Jude zu sein, [...] ich beneide Sie, dass Sie draußen sind.«

In diesem »wenn ich nur jung wäre, auch ohne Jude zu sein, ginge ich hin« liegt ein großer Teil der Ausstrahlung, die für mich der Name Ricarda Huch hat – ihr Mut zum Aufbruch in ungewisse, ungewohnte Gebiete, auch wenn er in diesem Fall rein gedanklich bleibt; sie ist, als sie das schreibt, fast siebzig Jahre alt. Immer ist sie schon in ungewohnte Gebiete aufgebrochen; als junge Frau nach Zürich zum Studieren, zu einer Zeit, als in Deutschland Frauen noch gar nicht an den Universitäten zugelassen waren, dann der Aufbruch in die Existenz als freie Schriftstellerin, in den frühen Erfolg, der ja auch erst einmal zu verkraften ist, und gleichzeitig in eher chaotische Liebesbeziehungen, in Lebensverhältnisse, die man jedenfalls nicht gerade als bürgerlich geordnet bezeichnen kann.

Wenn sie in ihrem Buch »Die Romantik« die Frühromantiker als »kleinen furchtlosen Trupp« charakterisiert, der ja auch sehr unkonventionell in ungewohnten Gemeinschaften und dauernden Liebesverwirrnissen in Jena lebte, statt sich in geordnete Universitätslaufbahnen zu ergeben, vielmehr dort »symphilosophiert, symfaulenzt, symexistiert«, wie sie Friedrich Schlegel zitiert, wird sie sich vielleicht zunächst mit dem einen oder anderen Aspekt dieser unkonventionellen Lebensformen identifiziert haben, mehr noch vielleicht mit Novalis' Ausspruch: »Deutschtum ist Kosmopolitismus mit der kräftigsten Individualität gemischt.« Mit ihrer umfangreichen Studie von 1899 hat sie auch zur Rehabilitierung der Frühromantik beigetragen, sie vom Ruch als reaktionäre, aufklärungsfeindliche Gruppierung befreit. Sie nennt den »furchtlosen Trupp« auch »Konquistadoren der Wahrheit«, nämlich als Eroberer des Unbewussten, die den Raum der menschlichen Seele in seinen Tiefen und Untiefen ausmessen. »Der Mensch ist nicht allein in seinem Haus«, fasst sie die Erkenntnis der »Konquistadoren der Wahrheit« zusammen. Erinnert uns der Satz nicht auffallend an »Der Mensch ist nicht Herr in seinem Haus« von Sigmund Freud, dessen »Traumdeutung« ein Jahr später erschien, 1900? Viele Jahre später erhalten beide, in umgekehrter Reihenfolge, den Goethe-Preis der Stadt Frankfurt, Sigmund Freud 1930, Ricarda Huch 1931.

Auch die Clique damals junger, Orientierung suchender Künstler in der DDR der siebziger Jahre, zu der ich gehörte, sah sich als »kleinen furchtlosen Trupp«, wir lasen die Frühromantiker, besahen die Bilder von Caspar David Friedrich und Philipp Otto Runge und identifizierten uns mit ihnen in dem Gefühl der Unzugehörigkeit zur Gesellschaft, der Isolation in ihr, der vorsichtigen Opposition zu ihr und eines diametral entgegengesetzten Lebensstils. Die klassischen Ideale, diesmal des Marxismus, waren längst in sich zusammengefallen, und wir konnten bei Texten von Lenin vor Lachen ebenso unter den Stühlen liegen, wie die Frühromantiker bei Schillers »Glocke«.

Nicht zufällig schrieb auch Christa Wolf, obwohl sie eine etablierte Schriftstellerin in der DDR war, in dieser Zeit ihren Roman »Kein Ort. Nirgends«, der von den entwurzelten, unglücklichen Seelen Kleist und Günderode erzählt.

Die schwierige Situation zwischen Konsens und Konflikt musste Ricarda Huch noch lange aushalten, nachdem sie nun einmal beschlossen hatte, nicht zu emigrieren; offensichtlich hat sie es niemals in Erwägung gezogen. Sie unterhielt vorsichtige Beziehungen zu Widerstandskreisen, handelte sich einigen Ärger durch deutliche Meinungsäußerungen ein, zusammen mit ihrem Schwiegersohn, der dafür mit seiner Professur zu zahlen hatte, und musste sich, so gut es ging, vor allem vor Vereinnahmung schützen, denn Diktaturen lieben es nun einmal, sich einige möglichst international anerkannte Künstler zu halten und mit ihnen zu schmücken. In der Sowjetunion war diese Rolle etwa Schostakowitsch und Prokofjew zugedacht, denen es trotzdem, immer mit einem Bein im Gulag, gelang, wichtige Musikwerke des 20. Jahrhunderts zu komponieren. Sowohl die Nationalsozialisten als auch die anschließenden Herrschaften der Sowjetischen Besatzungszone bedienten sich des angesehenen Namens von Ricarda Huch und umwarben sie. Die Nazis, weil Ricarda Huch sie in ihren Schriften nie politisch frontal angriff und von der richtigen Rasse stammte, und die Kulturbehörden der SBZ nach dem Krieg, weil Ricarda Huchs Werk in ihr kulturkonservatives Konzept passte, das bildungsbürgerlich konventionelle Kunst förderte und die Moderne völlig aussparte, die als formalistisch und dekadent abgelehnt wurde, Kafka, Proust, Joyce. Ricarda Huch hingegen konnte das DDR-Lexikon deutschsprachiger Schriftsteller »Sinn für progressive Erscheinungen der Geschichte« attestieren, »die sie trotz idealistischer, protestantisch-religiöser Deutungstendenzen immer wieder zur realistischen Erfassung der Wirklichkeit und zur Auseinandersetzung mit gesellschaftlichen Fragen führte und dabei zunehmend tiefere Einsichten in die Klassenstruktur der kapitalistischen Gesellschaft offenbarte«. Das waren nämlich die einzig gültigen Kriterien für die

Literatur, und dieses Zitat aus dem Schriftsteller-Lexikon stammt aus dem Jahr 1967 und nicht etwa aus den frühen 50er Jahren. Ricarda Huch hat sie Gott sei Dank nicht lesen müssen.

Die letzten Jahre ihres Lebens müssen für die Dichterin schwierig gewesen sein. Seit dem Türzuschlagen beim Austritt aus der Akademie 1933 hatte sie sich trotz innerer Distanz sowohl zum Nazi-Staat als auch nach Kriegsende zur neuen sozialistischen Macht in Jena, das in der sowjetischen Besatzungszone lag, in einer gewissen prominenten Präsenz einrichten müssen. 1944 hat sie den Raabe-Preis der Stadt Braunschweig samt Grußadressen von Hitler und Goebbels entgegengenommen und 1947, wie man von ihr erwartete, auch die Rolle als Ehrenpräsidentin des 1. Deutschen Schriftstellerkongresses in Berlin übernommen, worum sie Johannes R. Becher, der den Kongress unter Aufsicht der sowjetischen Militärbehörde in Szene setzte, dringend gebeten hatte. Ihre zunehmende Verzagtheit über diese Rolle kann man in ihren Briefen nachlesen.

Deshalb könnte man ihr letztes großes literarisches Unternehmen, den Männern und Frauen des deutschen Widerstands ein Gedenkbuch zu widmen, auch ein bisschen als nachgetragenen Widerstand interpretieren, wüsste man nicht, dass sie schon in allen ihren früheren Werken immer solche Menschen ausgewählt und hervorgehoben hat, die unangepasst und nach einem inneren Freiheitsbegriff lebten und handelten. In ihrem Buch über »Das Zeitalter der Glaubensspaltung«, das 1937 erschien, richtet sie ihr Augenmerk neben den Hauptakteuren besonders auf all diejenigen, die in den Glaubenskriegen Vernunft zu behalten suchten und zum Beispiel den folgenden Hexenprozessen und -verbrennungen entgegentraten. Dabei unterstreicht sie, dass diese Hexenverfolgung in keinem anderen Land in so großem Ausmaß stattgefunden hat wie in Deutschland und in manchen Ländern überhaupt nicht: »Es muß im deutschen Volke eine Anlage zum Entstehen dieser Sache gegeben haben.«

Ich weiß nicht, ob Ricarda Huch sich die Frage nach dem Zusammenhang zwischen Kunst und Charakter gestellt hat, aber in ihrem Romantik-Buch, das, wie gesagt, schon 1899 erschien, da war gerade ihre erste Tochter geboren, und sie hatte noch einige Aufbrüche und Umbrüche ihres Lebens vor sich, bemerkt sie schon an dem »kleinen furchtlosen Trupp«, den frühromantischen »Konquistadoren der Wahrheit«, einen gewissen Zug der Unreife, sich dem Leben mit seinen zahlreichen Widrigkeiten zu stellen, statt sich in ein phantasiertes Inneres zurückzuziehen oder sich einer starken Gemeinde zu verschreiben, die nichts als Hingebung verlangt. Dabei dachte sie an Clemens Brentano und Friedrich Schlegel, die wilden, exzentrischen Poeten, die sich in ihrer späteren Zeit der katholischen, ja, päpstlichen Propaganda verschrieben hatten, und ich denke an jemand wie Gottfried Benn und sehe, dass er wirklich nicht der Erste war, der der Sehnsucht nicht widerstehen konnte, sein Denken und Dichten wenigstens zeitweise in den Schoß einer »großen Sache« zu bergen. Ricarda Huch spricht dann in demselben Zusammenhang, eher beiläufig, von ihrer Bewunderung für »diejenigen, die das Leben furchtlos bestanden, es ergriffen und sich hindurcharbeiteten, ohne ihre Seele zu verkaufen«.

Für uns, heute, hier, haben die Schwierigkeiten, sich durch das Leben hindurchzuarbeiten, ohne unsere Seele zu verkaufen, andere Formen angenommen. Sie wirken harmloser und sind subtiler. Aber ich denke, es erfordert noch immer Mut, sich zwischen Konsens und Konflikt das eigenständige Denken und die innere und nicht zuletzt auch die äußere Freiheit zu bewahren, die Ricarda Huch »unersetzlich, wie die Luft zum Atmen« genannt hat.

Jakob Wassermann –
sein Weg als Deutscher und Jude

Zum Jakob-Wassermann-Preis 2018, Fürth

»Sich nach jüdischer Identität fragen, heißt, sie bereits verloren zu haben. Aber noch an ihr festhalten, andernfalls würde man der Befragung ausweichen. Zwischen diesem ›bereits‹ und diesem ›noch‹ verläuft die Grenze gespannt wie ein Drahtseil, auf das sich das Judentum des Westjuden wagt«, schreibt Emmanuel Levinas in seinen »Versuchen über das Judentum«, die er unter dem so treffenden Titel »Schwierige Freiheit« versammelt hat.

Diese schwierige Freiheit trat wie für alle anderen Menschen erst mit der Moderne auf, als sich feste Zugehörigkeiten religiöser, sozialer und kultureller Art aufzulösen begannen und für die Juden sich der Weg aus dem Ghetto in die neue bürgerliche Gesellschaft öffnete. Vorher lebten sie in der geschlossenen Gemeinschaft einer traditionalistischen Gemeinde neben der Mehrheitsgesellschaft. Judentum und Christentum schlossen sich gegenseitig aus, die Grenzen waren fest gezogen, wenn auch nicht immer und überall undurchlässig, schließlich handelte man miteinander und war denselben politischen und Naturereignissen ausgesetzt und lebte in derselben Landschaft.

»Alle jüdische Dichtung im Exil verschmäht es, dieses ihr Im-Exil-Sein zu ignorieren. Das würde geschehen, wenn sie jemals, wie andere Dichtung, die Welt unmittelbar aufnähme. Denn die Welt, die sie umgibt, ist Exil und soll es ihr bleiben«, schreibt Franz Rosenzweig in einem Kommentar zu seiner Übersetzung der Gedichte von Jehuda Halevi, dem großen mittelalterlichen jüdischen Dichter, der seine Gedichte in hebräischer Sprache schrieb, sein philosophisches Werk, den »Kusari«, eine Verteidigung des Judentums, in arabischer und einige seiner Gedichte in altspanischer Sprache. Heinrich Heine schrieb über ihn sein berühmtes und allerlängstes Gedicht: »Jahre kommen und verfließen. / Seit Jehuda ben Halevy / Ward geboren, sind verflossen / Siebenhundertfunfzig Jahre …«

Als Franz Kafka, nachdem er in der Nacht vom 22. zum 23. September 1912 seine Geschichte »Das Urteil« geschrieben hatte, deren rauschhafte Genese er in einer Tagebuchnotiz festhält: »Gedanken an Freud natürlich, an einer Stelle an Arnold Beer und an einer anderen an Wassermann …«, war eine deutsch-jüdische Literatur längst etabliert. Seit Heinrich Heine, von dem sich Wassermann so unbedingt distanziert, und seit Berthold Auerbach, der im 19. Jahrhundert ein ähnlich erfolgreicher Schriftsteller war wie Wassermann im 20., den dieser aber merkwürdigerweise an keiner Stelle erwähnt. So, wie er auch die Dreyfus-Affäre nicht erwähnt, die doch in der Zeit stattfand, als sein erster Roman, »Die Juden von Zirndorf«, erschien. Ein Jahr später veröffentlichte Emile Zola sein »J'accuse«, nachdem er 1896 schon seinen großen Artikel »Pour les juifs« publiziert hatte, und ich kann mir eigentlich nicht vorstellen, dass Jakob Wassermann diesen großen Aufruhr um den jüdischen Hauptmann Dreyfus, der die französische Gesellschaft bis an den Rand des Bürgerkriegs spaltete, nicht kommentiert hat.

Kafka hat Wassermann also gelesen, wie ihn damals ja alle gelesen haben; leider weiß man nicht, auf welchen Wassermann-Text Kafka sich bezieht. Wassermann war des Öfteren zu Lesungen in Prag, und als ein Schriftsteller, der als Jude jüdische Themen und jüdische Problematik in die deutsche Literatur hineinschrieb, stieß er dort auf großes Interesse bei den jungen deutsch-jüdischen Intellektuellen und Künstlern. Es war gerade diese Zeit, als sich eine ganze Generation von Westjuden immer mehr ihres Unbehagens und ihrer schwierigen Freiheit bewusst wurde. Die Freiheit, die darin bestand, sich als Subjekt seines eigenen Lebens fühlen zu können, allerdings zu dem Preis, nicht richtig Jude und nicht richtig Deutscher zu sein. Viele von den Juden dieser und der folgenden Generation haben dann über das neu aufgetauchte Identitätsproblem geschrieben, darüber reflektiert und sich manchmal auch politisch engagiert, zum Beispiel für das zionistische Projekt, für das Wassermann überhaupt keine Sympathie aufbringen konnte.

Kafkas und Wassermanns Literatur könnte nicht unterschiedlicher sein. Obwohl beide Schriftsteller nur zehn Jahre trennen, gehören sie doch, man könnte sagen, verschiedenen Jahrhunderten an. Wassermann ist noch ein großer Erzähler, der »letzte unter den großen konventionellen Romanciers der Deutschen«, wie ihn Jean Améry treffend nennt. Ein Schriftsteller mit bisweilen melodramatischer Stimmlage, der die Macht der Sprache und die Kraft des Erzählens in keiner Weise anzweifelt, wie es etwa sein Freund Hugo von Hofmannsthal tut. Und Wassermann will ein deutscher Erzähler sein, sein völliges Vertrauen in das konventionelle Erzählen entsprach seinem wahrscheinlich nie aufgegebenen Glauben an eine Verschmelzung des Jüdischen und des Deutschen, wenn er darin auch schließlich enttäuscht wurde, anders als sein Romanheld

Columbus, der wenigstens bis zum Schluss gar nicht wusste, *wie* sehr er sich getäuscht hatte. »Er wußte nie, wer er war, er wußte nur, wer er sein wollte«, schreibt Wassermann nicht etwa über sich selbst, sondern über Christoph Columbus, den er schon im Titel den »Don Quichote des Ozeans« nennt. Wahrscheinlich, es ist ein spätes Werk, identifiziert er sich mit ihm, was den lebenslangen falschen Kurs, auf dem er segelte, und die vergebliche Anerkennung seiner Lebensleistung anbelangt; Columbus hatte schließlich Amerika entdeckt, auch wenn er sich bis zum Schluss in Indien wähnte. Das konventionelle Erzählen macht die Columbus-Geschichte zu einem im besten Sinne des Wortes spannenden Roman, der die innere Wahrheit in der äußeren Handlung findet, darin den besten Biografien von Stefan Zweig ähnlich, und man versteht, warum er ein so vielgelesener Autor war.

Kafka hingegen schlägt sich mit der »Unmöglichkeit, nicht zu schreiben, der Unmöglichkeit, Deutsch zu schreiben, und der Unmöglichkeit, anders zu schreiben« herum und entwirft aus diesen drei Unmöglichkeiten heraus seine Idee einer »kleinen Literatur«, der Literatur einer Minderheit in einer Mehrheitsgesellschaft. Was für mich wie ein fernes Echo des Rosenzweig'schen Kommentars »Alle jüdische Dichtung im Exil verschmäht es, dieses ihr Im-Exil-Sein zu ignorieren« klingt. Kafka ringt mehr mit seinem Judentum, während Wassermann mehr mit dem Antisemitismus ringt, gegen ihn anrennt und gegen ihn anschreibt, um die unsichtbaren Grenzen einzureißen, die jetzt die vormodernen sichtbaren Grenzen ersetzen, und die deutsch–jüdische Symbiose geradezu zu erzwingen: »Ich bin Deutscher, ich bin Jude, eines so sehr wie das andere, keines ist vom anderen zu lösen.« Berthold Auerbach, im Gegensatz zu

Heine kein getaufter Jude, hatte jedoch schon zwei Generationen vor Wassermann erkannt: »Es ist eine schwere Aufgabe, ein Deutscher und ein deutscher Schriftsteller zu sein und dazu noch ein Jude.«

1913 veröffentlichte Jakob Wassermann, von Martin Buber veranlasst, in dem vom Prager Bar-Kochba-Verein herausgegebenen Sammelband »Vom Judentum« seinen Aufsatz »Der Jude als Orientale«. Mit dem »Orientalen« meint er einen, sagen wir, »authentischen« Juden, den er aber nicht etwa unter den Ostjuden findet, so wie Kafka ungefähr zur gleichen Zeit in der Begegnung mit den Künstlern des Jiddischen Theaters aus Lemberg und Rosenzweig wenig später, als er als Soldat des Ersten Weltkriegs in Warschau den Ostjuden begegnete. Vielmehr stellt er diesem »Orientalen«, den er auch den »Erfüllten« nennt und der eine rein symbolische Figur ist, den beklagenswerten Zustand der Westjuden entgegen. Er zeichnet damit den Gegensatz zwischen »Verwelkung und Fruchtbarkeit, zwischen Anarchie und Tradition« und charakterisiert den Westjuden vor allem in seinem leidenschaftlichen Bestreben, sich von der Vergangenheit abzuschneiden, »gerade weil ihn Milieu, Reminiszenz, Gewöhnung und Verpflichtung mancherlei Art äußerlich und innerlich an die Vergangenheit binden. Aber er findet in der Bindung das Gesetz nicht und so zerstört er sie und wird Einzelner, Individualist. [...] Er besitzt auch nichts weiter als eben diese Persönlichkeit, deren Sklave und Opfer er ist.«

Wassermann beschreibt hier das Unbehagen fast aller Westjuden, wie es die Schriftsteller unter ihnen, und nicht nur sie, von Schnitzler über Kafka bis Joseph Roth beklagten, einen Zustand geistiger Entleerung, fortschreitender geistiger Zerfaserung (Scholem), verlorener Seelenkraft (Buber) und verquälten Gemeinschaftssinns (Kafka), dem sie nicht einen symbolischen Orientalen, sondern das in ihren Augen jedenfalls noch intakte Ostjudentum entgegensetzten, das »ohne Neugier und Verlangen nach Christen« auskommt, wie Kafka es in seinem Tagebuch formuliert, auch wenn es ein idealisiertes Bild war.

Aus dem Unbehagen jedoch entstand und formierte sich auch der Wunsch nach Erneuerung, der in viele verschiedene Richtungen ging. »Unser Verhältnis zu Deutschland ist das einer unglücklichen Liebe: wir wollen endlich männlich genug sein, uns die Geliebte, statt ihr endlos kläglich nachzuschmachten, mit kräftigem Entschluss aus dem Herzen zu reißen – und bliebe auch ein Stück Herz hängen«, hatte Moritz Goldstein 1912 in seinem Aufsatz »Der deutsch-jüdische Parnass« geschrieben und damit die große Assimilationskontroverse ausgelöst, die bis zum Beginn des Ersten Weltkriegs anhielt. Der Sammelband des Prager Bar-Kochba-Vereins, in dem Wassermanns Aufsatz erschien, gehört in diesen Kontext und war einer der vielen Beiträge dazu. Der erste Zionisten-Kongress, der 1897, im Jahr, in dem Wassermanns erster Roman erschien, stattgefunden hatte, formulierte seine Ablehnung der demütigenden Diaspora-Existenz in dem Programm einer jüdischen Nationalbewegung und dem Projekt, eine jüdische Heimstätte zu schaffen, auch wenn noch nicht klar war, wo sie sein könnte. Eine andere Form war der von Martin Buber inspirierte Kulturzionismus. Buber rief in der Folge seiner drei Prager Reden »Über das Judentum«, die er wieder vor dem Bar-Kochba-Verein hielt, die jüdische Renaissance aus. Unter den Zuhörern die ganze junge deutsch–jüdische Prager Intelligenz, darunter Kafka, Brod, Bergmann, Weltsch, von denen sich viele von Bubers Elan anstecken ließen. Felix Weltsch gab später die jüdische Wochenzeitschrift »Selbstwehr« heraus, Hugo Bergmann wanderte schon 1920 nach Palästina aus, gründete dort die Hebräische Nationalbibliothek und wurde später der erste Rektor der Hebräischen Universität in Jerusalem.

1913 fand in Leipzig ein Religions-»Nachtgespräch« zwischen Franz Rosenzweig, seinem Freund Rosenstock und seinem Vetter Ehrenberg statt, die ihn zur Taufe überreden wollten. Das Ergebnis war der Entschluss Rosenzweigs: »Ich bleibe also Jude.« Nach dem Ersten Weltkrieg, in dessen Schützengräben er seinen »Stern der Erlösung« konzipierte und teilweise auch schon schrieb, gründete Rosenzweig in Frankfurt das Freie Jüdische Lehrhaus, dem Gründungen anderer Lehrhäuser in mehreren deutschen Städten folgten, »zur Belehrung Unwissender durch Unwissende«, wie Rosenzweig in einem seiner Briefe ironisch anmerkt, dem Gleichnis entsprechend, mit dem Buber die erste seiner »Reden über das Judentum« schließt: »Als ich ein Kind war, las ich eine alte jüdische Sage, die ich nicht verstehen konnte. Sie erzählte nichts weiter als dies: Vor den Toren Roms sitzt ein aussätziger Bettler und wartet. Es ist der Messias. Damals kam ich zu einem alten Mann und fragte ihn: Worauf wartet er? Und der alte Mann antwortete mir etwas, was ich damals nicht verstand und erst viel später verstehen gelernt habe; er sagte: Auf dich.«

Im Berlin der zwanziger und dreißiger Jahre studierten und promovierten übrigens einige Ostjuden, die später in den USA und Israel wichtige jüdische Bildungseinrichtungen gründen und leiten sollten, wie etwa die Yeshiva University in New York, die einen neuen Weg der Versöhnung zwischen weltlichen und jüdisch-religiösen Inhalten sucht. Denn in der Parallelität der doppelten Existenz der modernen autonomen Persönlichkeit seit der Aufklärung und dem Zugehörigkeitsgefühl zum jüdischen Volk und der religiösen Bindung seit alters her, sei sie auch noch so »locker, verflacht, verdünnt und ohne Gemütsmacht«, wie Wassermann sagt, lag im 18., 19. und 20. Jahrhundert und liegt auch noch heute die Herausforderung des jüdischen Lebens. Jakob Katz fasst diesen Prozess in seinem Buch »Aus dem Ghetto in die bürgerliche Gesellschaft« so zusammen: »Die Aufklärung hatte ein Instrument rationalistischer Kritik geschaffen. Im grellen Licht der Vernunft begann sich die Geschlossenheit der jüdischen Tradition aufzulösen.« Es begann die Moderne, und es begann das Unbehagen in der Kultur der Moderne, das Leben in einer schwierigen Freiheit, in der nun jeder Jude seinen Weg ganz allein finden und auf dem er sich dem neu aufgetauchten Problem der »Identität« stellen musste. Jakob Wassermann erlebte diese Freiheit als Zerreißprobe zwischen seinem Deutsch-Sein und seinem Jude-Sein. »Das Thema in seiner Unerschöpflichkeit spottet jeder Bemühung«, kann er dazu nur sagen – nachdem er ein Leben lang versucht hat, immerhin die Höhen und Tiefen des Problems auszumessen.

Er hat dann nicht mehr erleben müssen, wie das Problem der modernen deutschen Juden gewaltsam gelöst wurde. Heute gibt es nur noch ganz wenige deutsche Juden, das heißt solche, die immer noch deutsch und immer noch jüdisch sind. Denn die deutschen Juden, die vor den Verfolgungen ihres geliebten Vaterlandes fliehen konnten – nach England, nach Amerika, nach Palästina, nach Australien, haben zwar selbst die deutsche Sprache nicht ablegen können und wollen, sie ihren Kindern jedoch meist verwehrt, es geistern höchstens noch ein paar deutsche Worte bei den Enkeln herum, Oma und Gugelhupf und Achtung. Nur ein winziger Bruchteil der deutschen Juden, darunter meine Eltern, ist nach dem Krieg nach Deutschland zurückgekehrt, die anderen haben oft deutschen Boden nicht mehr betreten wollen und es auch nicht getan. Ihre Enkel und Urenkel jedoch kommen nun manchmal aus Neugier und Entdeckerlust auf den Spuren ihrer Großeltern und Vorfahren, als Reisende, als Fremde.

Ich gefalle mir manchmal in der Rolle als eine der letzten deutschen Juden, immer noch deutsch und immer noch jüdisch.

Bücher haben ihre Schicksale

Es wird viel darüber gesprochen, geschrieben und nachgedacht, wie ein literarisches Werk entsteht. Seine Genese wird im Vergleich verschiedener Fassungen nachverfolgt und der künstlerische Schöpfungsakt zu entschlüsseln versucht, um dem Geheimnis auf die Spur zu kommen, wie, warum, unter welchen Umständen ein künstlerisches Werk entsteht und woher seine Inspiration kommt.

Weniger gesprochen, geschrieben und nachgedacht jedoch, so scheint mir jedenfalls, wird von den Lebenswegen des Textes, und damit meine ich nicht bloß die Rezeption, seine Aufnahme durch ein Publikum im Laufe der Jahre und Jahrzehnte oder gar Jahrhunderte, sondern vielmehr, wie der Schriftsteller überhaupt damit fertig wird, dass sein Text eines Tages »aus dem Haus geht«, sich selbständig macht und anfängt, sein eigenes Leben zu leben. Da findet nämlich ein schmerzlicher Prozess der Ablösung statt, der dem Aus-dem-Haus-Gehen der erwachsen gewordenen Kinder gar nicht so unähnlich ist. Denn ich bleibe nun einmal die Mutter meiner Kinder und meiner Texte – ein ganzes Leben lang und noch darüber hinaus. Eine Scheidung ist nicht vorgesehen, wir bleiben für immer unauflöslich miteinander verbunden. Und doch muss man eines Tages Abschied voneinander nehmen und die Kinder und das Werk in die weite Welt hinausziehen lassen, ihnen eine eigenständige Existenz zubilligen und lernen, fern voneinander zu leben.

Die Arbeit des Schreibens, also des Formens, Gestaltens, Änderns, Verwerfens, Wiederaufnehmens, Korrigierens, spielt sich in einer sehr intimen Beziehung zum Stoff und darüber hinaus in einer strengen, oft schwer zu ertragenden Einsamkeit ab, die im extremen Gegensatz zu der späteren Aneignung durch die Öffentlichkeit, Publikum, Leser, Presse, und der Pflicht zum Exponieren des Autors steht. Und doch würde sich kein Schriftsteller auf diese mühsame Existenz, diesen Versuch, seine Tätigkeit in sein Leben, oder sagen wir, seine Identität zu verwandeln, einlassen, wenn er nicht doch die Veröffentlichung wünschte. *La solitude de l'écrivain est toujours à terme la promesse d'une communauté des lecteurs.* (Philippe Lacoue-Labarthe)

Habent sua fata libelli. Bücher haben ihre Schicksale.

Jeder kennt diesen Satz und jeder denkt sich etwas anderes dabei. Ich denke, er schließt vielleicht auch den von mir gemeinten Aspekt ein, den des Schicksals und der Freiheit, die der Text im Abschied von seinem Schöpfer findet.

Libelli ist nur eine Verkleinerungsform und nicht unterschieden von dem Wort *liber*, das die Doppelbedeutung von Abhandlung, Schriftstück, Verfügung, Verzeichnis, Buch sowie von frei, ungebunden, unbeschränkt hat. Hier liegt der Zusammenhang von *library* und *liberty* beziehungsweise *livre*, *librairie* und *liberté*. Im Deutschen hören wir diesen Zusammenhang von Buch und Freiheit nicht.

Nach der Stille und Einsamkeit des Schreibens, nachdem ich den Text entworfen, eine Struktur erdacht, ihn konstruiert und errichtet habe, das Gebäude in seiner Gänze aber nicht mehr wahrnehmen kann, ist mein erster Leser mein Mann und danach, eigentlich gleichzeitig, meine Lektorin Ingrid Krüger, die mich schon von meinem ersten Buch an begleitet und mir im wörtlichen Sinne »zur Seite« steht, dabei über die Jahre ihre ätzende Kritik nie gemildert hat und kein »Blatt« vor den Mund nimmt, wenn wir den Text der verschiedenen Fassungen diskutieren. Wenn ich ihr die erste Fassung zu lesen gebe und mich irgendwie erleichtert fühle, schon einen großen Schritt vorangekommen zu sein, erhalte ich mit hundertprozentiger Gewissheit ihren Kommentar, ja, ist schön, aber es gibt noch sehr viel Arbeit daran. Eine kalte Dusche jedes Mal, aber immer hat sie natürlich recht. Unnötig zu sagen, dass wir im Laufe der Jahre enge Freundinnen geworden sind, was ihre kritische Einstellung zu meinen Texten aber in keiner Weise beeinträchtigt hat.

Wenn wir uns dann durch alle Fassungen durchdiskutiert haben und sie auch noch die letzten nötigen Kommata gesetzt und die überflüssigen gestrichen hat und ich das Manuskript dann »Fassung letzter Hand« nenne, wenn aus dem Text also ein Manuskript geworden ist, trage ich mein »Neugeborenes« in den Verlag, wo es freudig von einer Schar von Familienangehörigen, Onkel und Tanten Verlagsangestellten erwartet und empfangen und weiter umsorgt, behütet, betitelt, beschriftet und beworben wird und alle Kräfte für seinen Auftritt in der Welt mobilisiert werden. Die Onkel und Tanten aber haben natürlich noch andere Neffen und Nichten, Bücher und Autoren, denen ihre Zuwendung und Unterstützung gilt, nicht meinem Text allein. Das ist die erste Kränkung, und sie ist verhältnismäßig harmlos. Sie spielt sich noch »im Kreis der Familie« ab, vermittelt noch Zugehörigkeit und darüber hinaus das Gefühl, in einen Bereich von Geschäftigkeit und echtem Tätigsein durch all die Gespräche und den Austausch zahlreicher E-Mails geraten zu sein, das nach der langen einsamen Zeit am Schreibtisch guttut.

Dann erscheint das ehemalige Manuskript als Buch. Gedruckt und vervielfältigt liegt es nun in Buchhandlungen an vielen verschiedenen Orten. Jeder darf, kann, soll es jetzt lesen, kann auch darüber reden, schreiben oder sonst wie öffentlich seine Meinung darüber verbreiten.

Nun beginnt der Kontrollverlust. Der Abschied. Die Enteignung, wie George Steiner es an einer Stelle drastisch und zutreffend ausdrückt. Ich würde gern so souverän und weise sein, von allen diesen Äußerungen keine Kenntnis zu nehmen, aber das wäre wohl übermenschlich, weil der Preis der Einsamkeit eben das Versprechen einer, wenn auch imaginären, Gemeinschaft von Lesern bleibt. Selbst bei Schiller habe ich in einem Brief vom 14. Februar 1783 die folgende Stelle gefunden: »Wenn Sie mir doch ein Paket ›Gothaer Zeitung‹ mitschicken könnten. Ich lese außerordentlich gerne Anzeigen von Büchern, so finde ich dann vielleicht auch Anzeigen von mir – und wenn ich meinen Namen in der Zeitung lese, erfahre ich doch, dass ich lebe.«

Das ist die Kehrseite der Arbeit, die sich in Identität verwandelt, dass man sich in ihr, durch sie, lebendig, also auch verletzbar fühlt. Ich wage wieder den Vergleich mit den eigenen Kindern: Beide, meine Kinder und meine Bücher, sind »Fleisch von meinem Fleisch«, und genauso wenig, wie man sagen kann, welches seiner Kinder einem das liebste ist, kann man sagen, welches seiner Bücher einem das liebste ist. Zu jedem von ihnen bleibt ein Leben lang ein mal engeres, mal weiteres, mal strengeres, mal zärtlicheres Verhältnis bestehen. Und wahrscheinlich ist es deshalb so schwer zu ertragen, wenn sie von anderen beurteilt, kritisiert und schlecht oder unfair behandelt werden. Ich jedenfalls kann es nicht ertragen, nehme es übel und verzeihe es nicht. Von zwei großen Autoren weiß ich, dass sie ähnlich empfunden haben müssen, das eine Mal in Bezug auf das Kind und das andere Mal in Bezug auf den eigenen Text. Else Lasker-Schüler hätte sonst wohl nicht mit Karl Kraus, mit dem sie nah befreundet war, gebrochen, nachdem er ihren Sohn Paul ihrer Meinung nach nicht gebührlich empfangen hatte, und Marcel Proust sich nicht am 7. Februar 1897 mit dem Kritiker Jean Lorrain duelliert, weil dieser eine in Prousts Augen »ehrenrührige« Kritik seines Buches »Tage der Freuden« veröffentlicht hatte.

Da Bescheidenheit bestimmt nicht die Tugend ist, die einen zum Schreiben motiviert und stimuliert, ist der gespielte oder wahre Hochmut nur konsequent.

Die Rezensionen. Es ist wichtig, dass sie erscheinen, sie zeigen, dass mein Buch wahrgenommen wird, also dass ich lebe. Und gleichzeitig bringen sie die Entfremdungen, Enteignungen mit sich, so dass ich mein Buch kaum wiedererkenne. Ich muss am eigenen Leibe meines Buches erfahren, was ich ja schon lange weiß, dass jeder Leser sein eigenes Buch liest, ja, es erst durch seinen Blick, seine Gedanken, Assoziationen, Erinnerungen, seine Lesart eben, die nie mit anderen ganz identisch ist, erschafft. Es ist eine Binsenweisheit, aber trotzdem wahr, dass die Offenheit des geschriebenen Textes ihm seine Fähigkeit gibt, die Zeit zu überdauern. Auch wenn er zwischendurch vergessen, ja, verschwinden sollte, kann jeder neue Leser den Text wieder neu zum Leben erwecken, wie wir es ja schon oft erlebt haben.

Um auf die Rezensionen zurückzukommen, ich habe oft

das Gefühl, dass sie sich auf Oberflächenbetrachtung beschränken, auf Projektion oder gar Selbstprofilierung innerhalb der »Korporation«. Gott sei Dank habe ich selten »Verrisse« erleiden müssen, aber wenn, kränken sie mich. Es ist aufreizend und bleibt es auch: Jeder, aber auch jeder darf jetzt über mein Buch schreiben und veröffentlichen, was immer ihm einfällt, ich kann es nicht verhindern.

Die öffentliche Wahrnehmung des Textes ist eine erste Anerkennung, denn wenn auch kein Schriftsteller genau sagen kann, warum er nun schreibt, hat es doch etwas damit zu tun, sich mitteilen, sich erklären zu wollen – auf Verständnis zu hoffen, ja, auf Anerkennung. Deshalb ist es wichtig, sie auch irgendwie zu finden, und auf jemand, dem sie ganz versagt bleibt, kann das eine desaströse Wirkung haben. Am offensten gesteht diese Abhängigkeit Emil Cioran ein: »Wenn jeder von uns seinen geheimsten Wunsch gestände, den, der alle seine Vorhaben und Handlungen bestimmt, würde er sagen: ›Ich will gelobt werden‹. Keiner wird sich dazu entschließen, denn es ist weniger unehrenhaft, eine grässliche Tat zu begehen, als eine so erbärmliche und demütigende Schwäche einzugestehen, die aus einem Gefühl der Einsamkeit und der Unsicherheit entsteht und an der mit gleicher Intensität die Verworfenen und Glückhabenden leiden. Keiner ist sich dessen sicher, was er ist und was er tut. Wir können noch so stolz auf unsere Verdienste sein, wir sind von Unsicherheit zerfressen und verlangen, um sie zu überwinden, nichts anderes, als getäuscht zu werden und egal woher und egal von wem Zustimmung zu erhalten.«*

* Übers. von Johannes Honigmann, aus: E.M.Cioran, Désir et horreur de la gloire

Das Schlimme ist aber, dass auch Zustimmung und Anerkennung, die sich durch positive Rezensionen, Einladungen zu Lesungen oder anderen öffentlichen Auftritten und die Verleihung von Literaturpreisen ausdrücken, immer ambivalent bleiben. Unzweifelhaft ist allein ihr Vorteil, »das Geschäft« zu befördern – man muss ja auch leben, und das ist nicht das geringste der Probleme eines freischaffenden Schriftstellers. Ihre Ambivalenz aber rührt aus der Tatsache, dass es eben keine wirklichen Beweise für die Qualität eines Textes, eines Kunstwerkes überhaupt gibt, kein wirklich absolutes Kriterium und Maß, das dieses eine Werk vor anderen auszeichnet. Der Autor hat sein Bestes gegeben, aber ob ihm sein Werk gelungen ist, das weiß auch er nicht, weil es Fleisch von seinem Fleische ist. Er liebt es einfach, und dass es für die Liebe keine objektiven Kriterien gibt, ist ja eine Plattitüde. Deshalb wohl sprechen so viele Nobelpreisträger in ihren Reden von der »Ungerechtigkeit«, die ihnen da widerfahre, und widmen Kollegen, die sie für bedeutender halten und an ihrer Stelle stehen sollten, eine Hommage. Wenigstens einige tun das.

Nach der Zeit der Rezensionen kommt die Zeit der Lesungen, bei denen man zunächst den Mut zum Sich-zur-Schau-Stellen aufbringen muss. Wenn man das einmal geschafft hat, ist es eine große Chance, seinem »Kind« noch nahe zu bleiben, es bei der Hand genommen in die Öffentlichkeit zu begleiten, mit ihm beim Vorlesen sogar noch vereint zu bleiben. Es ist der Moment vor dem Sündenfall, bevor alle anderen Leser die Frucht des Textes kosten und an ihm Geschmack finden oder auch nicht.

Nun sitzt da endlich ein Publikum aus einzelnen Menschen

vor mir, die aus dem Imaginären hervortreten. Sie haben sich, manchmal bei Regen oder Schnee, aufgemacht und Eintritt bezahlt. Ich kann es nicht anders sagen, das berührt mich, schließlich bin ich kein Star, den man »mal gesehen haben muss«. Ich unterstelle den Besuchern der Lesung vielmehr ein echtes Interesse an meiner Arbeit, und das entschädigt mich für all die einsamen Stunden voller Zweifel, es ermutigt mich, und manchmal denke ich sogar, es ist gut, das Buch in die Welt laufen zu lassen, es wird seinen Weg ganz allein machen und auf diesem Weg Freunde und Verbündete finden. Natürlich ist es wieder nicht so einfach, denn nach der Lesung gibt es meistens eine Diskussion, und ich exponiere mich als Projektionsfläche für allerlei Dinge, die ich lieber vermeiden würde. Oft ist es die deutsch-jüdische Problematik, für die ich nun, über das hinaus, was ich in meinen Büchern gesagt habe, einstehen soll. Davon habe ich mich früher oft überfordert gefühlt, mich eines Tages jedoch entschlossen, aufrichtig zu sagen, was ich denke, ohne Rücksicht auf eventuelle Missklänge. Wer fragt, kriegt eine Antwort.

Eigentlich aber finde ich diese anschließenden Diskussionen überflüssig, weil sie den Spannungsbogen der Lesung, die ja eine Art Performance ist, durch Zerreden zum Einsturz bringen. Doch ich spiele das Spiel natürlich mit, falls der Veranstalter es wünscht, ich erbringe meine Leistung, schließlich zahlt er mir dafür ein Honorar. So einfach ist das. Und manchmal kommt danach auch ein Mensch aus dem Publikum und sagt, ich danke Ihnen für diese Stunde. Dann stellt sich die Intimität der Bindung zum Text fast wieder her, und auch ich danke dem Zuhörer, hinter dem ich einen Leser vermute, aufrichtig für diese Worte.

Manchmal verwandelt sich der Text auch noch auf eine dramatische Weise, über die man dann jede Kontrolle verliert. Wenn er nämlich, was an sich ein Glück ist, in eine fremde Sprache übersetzt wird und ich ihn dann im buchstäblichen Sinne nicht mehr wiedererkennen kann, ja, in manchen Fällen, wenn es sich zum Beispiel um Chinesisch oder Japanisch handelt, nicht einmal weiß, von welcher Seite das Buch zu öffnen ist. Mein Text, zum Buch erwachsen, in eine fremde Sprache übersetzt und in dem Land dieser Sprache publiziert, bringt mich dann manchmal in dieses Land, so wie ein erwachsenes Kind, das in die Ferne gezogen ist und das man dort besucht, wo es jetzt wohnt. Von seinem Leben in dem anderen Land hört man aber meistens nicht mehr sehr viel und manchmal sogar gar nichts. Wenn ich einst nicht auf der Akademietagung in Darmstadt Konstantin Asadowski getroffen hätte, den russischen PEN-Präsidenten, der mich ganz lebhaft auf die (vollständige) Veröffentlichung meines Buches »Ein Kapitel aus meinem Leben« in der Zeitschrift *Zvesda* vor einigen Jahren ansprach, hätte ich von dieser Publikation wohl nie etwas erfahren. Ich habe nie Bescheid und nie einen Beleg erhalten, von einem Honorar ganz zu schweigen.

Manchmal liegt auch ein Brief im Kasten, keine E-Mail im PC, sondern ein handgeschriebener Brief, über den Verlag zugestellt:

»Liebe Frau Honigmann,

in einem Kölner Café sitzend habe ich gerade Ihren Aufsatz ›Eine ganz kleine Literatur des Anvertrauens‹ gelesen, und er hat mir gut gefallen. Ohne groß zu überlegen, möchte ich Ihnen für diese Stunde der Lektüre danken. [...]

Ich werde mir erlauben, diesen Brief nicht nur zu schreiben, sondern auch abzuschicken, nur so, damit Sie wissen, wer Ihre Bücher liest, in diesem Falle ein 47-jähriger Familienvater, dessen Kinder gerade auf einer Geburtstagsfeier sind und der deshalb Zeit hat.

Ihr [...]«

Dass seine Lektüre und seine Kinder bei diesem Leser in einem nicht zufälligen Zusammenhang stehen, gefällt mir natürlich im Hinblick auf meine Zusammenführung der beiden so ähnlichen Existenzen als Mutter meiner Kinder und meiner Texte.

In dieser engen Bindung an die Frucht unserer Arbeit unterscheidet sich die Arbeit des Schriftstellers wohl von jeder »normalen« Berufstätigkeit. Nicht wegen größerer Mühe, sondern wegen größerer Sorge und Unsicherheit: Werden meine Kinder gelingen oder werden sie missraten, werden sie Glück haben oder ins Unglück stürzen, werden sie sich behaupten können oder auf Abwege geraten und untergehen? Was wird mit ihnen geschehen, wenn ich einmal nicht mehr da sein werde?

Im Talmud wird die Geschichte vom König Hiskija erzählt, der wegen all dieser Sorgen und Ängste erst gar keine Kinder in die Welt setzen und sich dem Gebot der Vermehrung entziehen will. Der Prophet Jesaja entgegnet ihm: »Tue deine Pflicht und bringe Kinder in die Welt. Was aus ihnen wird, liegt nicht in deiner Hand.«

Damit müssen wir uns wohl abfinden.

II

Kafka und Proust – Schriftsteller und Jude sein in Zeiten der Assimilation

Vortrag im Rahmen der Poetikdozentur Literatur und Religion an der Universität Wien 2020

Juden heißen wir, seit wir im Exil sind.

Zum ersten Mal werden Juden im biblischen »Buch Esther« Juden genannt, auch wenn sie nicht zum Stamm Jehuda gehören. »Es lebte ein jüdischer Mann mit Namen Mordechai in Schuschan, Sohn Jairs, Sohn Schimis, Sohn Kischs, aus dem Stamm Benjamin. Er war aus Jerusalem in die Gefangenschaft verschleppt worden, mit den Verschleppten, die mit dem König Jechonia verschleppt wurden, verschleppt von Nebukadnezar, dem König von Babel« (Esther 2,5). Nicht weniger als viermal wird in dem Satz das Wort »verschleppt« wiederholt, damit wir auch ja verstehen, was geschehen ist.

Mit dem Wortstamm *golah* wird das Exil auch heute noch Galut genannt. Das Buch Esther ist die erste Exilerzählung und zugleich das einzige Buch der Bibel, in dem das Wort Gott nicht vorkommt. Der Talmud, der später in genau diesem Exilland, in Babylonien, entstand, deutet diese Epoche aus dem Buch Esther jedoch so, dass die Juden gerade in dieser Zeit, trotz starker Assimilation an die babylonische Umwelt und Kultur, noch einmal bewusst die Tora akzeptiert haben, so wie einst am Sinai. Die zehn Stämme des Nordreichs waren schon durch die frühere Eroberung durch die Assyrer in die Gefangenschaft geführt worden und sind seitdem nie mehr aufgetaucht; das jüdische Volk, das bis heute existiert, hat mit diesen verlorenen Stämmen sicher auch Farben und Stimmen einer größeren Vielheit verloren.

In allen anderen biblischen Büchern heißen die Juden noch Hebräer oder Kinder Jakobs oder Kinder Israels. Abraham, als er noch Abram heißt, wird, wie Raschi (1040–1105), der bekannteste und populärste Kommentator von Tora und Talmud, erklärt, darum Hebräer genannt: »Iwri – weil er von jenseits – *ewer* – des Stromes (Euphrat) kam« (1. Mose 14,13). Hebräer ist also von Anfang an einer, der von anderen Ufern kommt; das Wort ist verbunden mit dem Herausreißen aus der alten Heimat: »Der Ewige sprach zu Abram, gehe aus deinem Lande und deinem Geburtsort, aus dem Hause deines Vaters in das Land, das ich dir zeigen werde. Und ich werde dich segnen und dein Name wird Segen sein« (1.Mose 12,1–3). Trotz dieses Versprechens ist der Auszug doch eine Reise ins Ungewisse, und so wird es immer bleiben – eine Passage mit Brüchen und Umbrüchen und Trennungen, ein Lossagen von alten Gewohnheiten und auch ein Ausbrechen aus etwas, das wir heute vielleicht Zeitgeist nennen würden. Etwas ganz Neues wagen, im Leben, im Denken, im Schreiben.

»Wie hätten wir existieren können und könnten wir existieren, hätten wir nicht von vorneherein von Abraham den Mut einer Minorität erhalten«, kommentiert Samson Raphael Hirsch ein paar Tausend Jahre später diese Textstelle, da die Existenz im Exil in den zahlreichen Weltgegenden, in denen Juden leben, noch anhält und sie von Flucht zu Flucht, von Wanderung zu Wanderung, ohne sich jedoch am Ankunftsort völlig zu verlieren, als Minorität weiterexistieren.

Israel wird Jakobs Name sein, nachdem er mit dem Engel gerungen und dessen Segen erzwungen hat, »ich entlasse dich nicht, du habest mich denn gesegnet«. Israel heißt »der mit Gott ringt«, und in diesem Ringen werden seine zwölf Söhne oft unterliegen, zehn von ihnen werden, wie gesagt, für immer in den anderen Völkern aufgehen, und wir kennen sie heute nicht mehr. Es scheint, dass Jude sein heißt, von weither zu kommen und sich in fremden Gefilden zurechtfinden zu müssen. Joseph wird von seinen Brüdern verkauft, landet im ägyptischen Gefängnis und macht schließlich an Pharaos Hof eine große Karriere. Moses, der größte Prophet Israels, wird am Hof des Pharaos erzogen, wir können ihn uns in seiner Jugend gar nicht anders als »assimiliert« vorstellen, bis er nach Midian flieht, nachdem er aus einem solidarischen Gefühl heraus, das ihm geblieben ist, einen ägyptischen Aufseher erschlagen hat, der einen hebräischen Sklaven getötet hatte. In Midian bekennt er offensichtlich nicht gleich seine jüdische Herkunft, denn sein künftiger Schwiegervater Jithro, ein midianitischer Priester, fragt seine Tochter Zippora, warum sie denn »den ägyptischen Mann«, der sie am Brunnen gegen aufdringliche Hirten verteidigte, nicht nach Hause eingeladen habe. Moses heiratet später die Midianiterin Zippora, und sie bekommen zwei Söhne, den einen nennen sie Gerschom, »Gast bin ich im fremden Land«, und den zweiten Elieser, »Gott hilft, denn der Gott meines Vaters ist Hilfe, er hat mich vor Pharaos Schwert gerettet« (2.Mose 18,4f). Und dort, in diesem fremden Land, wird sich ihm Gott im brennenden Dornbusch unter dem Namen »Ich werde sein, der ich sein werde« offenbaren und vor Moses die Verheißung an Abraham, Itzchak und Jakob vom Land, in dem Milch und Honig fließt, und der Befreiung aus der ägyptischen Knechtschaft erneuern. Bevor er sich ihm offenbart, bittet Gott Moses, die Schuhe auszuziehen (2.Mose 3,5), und genauso sieht man es auch auf dem Bild »Die Prüfungen Moses'« von Botticelli, auf dem Swann, die eigentliche Hauptfigur in Prousts Roman »Auf der Suche nach der verlorenen Zeit«, seine Geliebte und spätere Frau Odette als Zippora, die Tochter Jithros, zu erkennen glaubt.

König David stammt von der Moabiterin Ruth, Moab war die Frucht des Inzests einer Tochter Lots mit ihrem Vater, und nach den ausschmückenden, erklärenden rabbinischen Auslegungen der Tora (Midraschim) muss er sich diese Herkunft auch des Öfteren an den Kopf werfen lassen, Ruth hingegen, die zu Noemie sagte, »wo du hingehst, da will auch ich hingehen [...], dein Gott soll mein Gott sein« (Ruth 1,16), wird diese Anhänglichkeit hoch angerechnet, so dass sie, wieder nach dem Midrasch, so lange lebte, dass sie noch Davids Sohn Salomon auf dem Thron sehen konnte. Davids und Salomons Königtum, die Reichseinigung und der Tempel, den Salomon baute und vollendete, haben nicht überdauert, ihre Dichtungen, Psalmen und Weisheitssprüche jedoch sind in die Weltliteratur und bis in den allgemeinen Sprachgebrauch eingegangen – »Hochmut kommt vor dem Fall« und »Alles ist eitel und ein Haschen nach Wind«.

Gibt es eine Sprache auf der Welt, in die sie nicht übersetzt sind?

Auch von Esther heißt es (Midrasch Tehillim), sie habe im Moment ihrer größten Not, bevor sich dann alles zum Guten wendet, einen Psalm, nämlich Psalm 22 gebetet. *Eli, Eli, lama asavtani* – »Mein Gott, mein Gott, warum hast du mich verlassen / Ich rufe dich tags und du antwortest nicht. / Und nachts beruhigst du mich auch nicht. [...] Ich bin ein Wurm und kein Mensch, der Menschen Hohn und von den Leuten verachtet. […] Entferne dich doch nicht von mir – wo die Not so nah und keiner zu meiner Hilfe da ist.«

Psalm 22 ist bei den Juden der Psalm Esthers, bei den Christen ist er der Psalm Jesu am Kreuz. Der Talmud liest die in der Gesangseinleitung erwähnte, immer etwas geheimnisvoll gebliebene *Ayelet haschachar*, die junge Hirschkuh, als »Stern des frühen Morgens, der erste Strahl des Morgenlichts«, und damit sei Esther gemeint. Das ist ein Hinweis auf die neue Existenz derer, die nun Juden heißen. Ein Hinweis auf das Exil, in dem Gott schweigt, keine Propheten mehr schickt, auch in nächtlichen Träumen nicht mehr erscheint und die Menschen einsam ihren Weg im grellen Licht der Geschichte suchen lässt.

Als der Erste Weltkrieg beginnt, ziehen sich zwei nicht mehr ganz junge Junggesellen, kinderlos, der eine in Paris, einer Welthauptstadt, der andere in Prag, der Provinzhauptstadt eines Imperiums, das bald untergehen wird, also in feindlichen Lagern der Kriegsparteien, in ihre Zimmer zurück. Der eine lebt noch bei den Eltern und wird dort den größten Teil seines kurzen Lebens im Durchgangszimmer gelebt haben; in einer seiner ersten Veröffentlichungen, der »Betrachtung«, schreibt er vom »Unglück des Junggesellen«. Der andere zieht nur unfreiwillig nach dem Tod seiner Eltern aus deren Wohnung aus, mietet die Wohnung einer Tante, 102 Boulevard Haussmann, tapeziert sie mit Kork aus, schließt alle Vorhänge, arbeitet im Bett, immer nachts.

Sie sind beide hypochondrisch, kränkeln ihr Leben lang und sind tatsächlich schwerkrank, weigern sich, Ärzte zu sehen oder gar auf sie zu hören, wissen selbst alles viel besser und haben genaue Vorstellungen, wie ihre Körper und deren

Organe zu behandeln seien, sie beobachten sich selbst ständig, innen und außen, sie beobachten alles um sich herum, sie sind süchtig nach und abhängig von Beobachtung, aber »alles was nicht Literatur ist, langweilt mich«, schreibt der in Prag in sein Tagebuch, und sie tyrannisieren ihre Umgebung, die trotzdem ihrem Charme erliegt. »Seit längerer Zeit klage ich schon, dass ich zwar immer krank bin, aber nie eine besondere Krankheit habe, die mich zwingen würde, mich ins Bett zu legen. Dieser Wunsch geht sicher zum größten Teil darauf zurück, dass ich weiß, wie die Mutter trösten kann, wenn sie aus dem beleuchteten Wohnzimmer in die Dämmerung des Krankenzimmers kommt.« Nein, der Satz ist nicht von Proust, er ist aus Kafkas Tagebuch. Dann in demselben Tagebuch der Eintrag: »Gestern fiel mir ein, dass ich die Mutter nur deshalb nicht immer so geliebt habe, wie sie es verdiente und wie ich es könnte, weil mich die deutsche Sprache daran gehindert hat. Die jüdische Mutter ist keine ›Mutter‹, die Mutterbezeichnung macht sie ein wenig komisch, [...] wir geben einer jüdischen Frau den Namen deutsche Mutter, vergessen aber den Widerspruch, der desto schwerer sich ins Gefühl einsenkt. ›Mutter‹ ist für den Juden besonders deutsch, es enthält unbewußt neben dem christlichen Glanz auch christliche Kälte, die mit Mutter benannte jüdische Frau wird daher nicht nur komisch, sondern auch fremd.«

Ungefähr zur gleichen Zeit beschreibt Proust in seinem »Contre Sainte-Beuve«, das Fragment bleiben wird, eine Szene, in der sein Freund Reynaldo Hahn am Klavier im Wohnzimmer seine Vertonung der Racine' schen »Esther« vorspielt und »Mama« dazu leise mitsummt: »Und die schönen Züge ihres jüdischen Gesichts, ganz geprägt von christlicher Sanftheit und jansenistischem Mut, machten aus ihr Esther selbst in dieser Familienvorstellung.«

Für den einen gibt es eine ganz klare Fremdheit zwischen der jüdischen Mutter und ihrer deutschen, also christlichen Bezeichnung von außen, der andere schafft oder erträumt eine jüdisch-christliche Einheit.

Kafka und Proust – beide haben, kurz bevor der Erste Weltkrieg ausbricht, ihr erstes Buch veröffentlicht, Kafka die »Betrachtung« und Proust »In Swanns Welt«. Sie ziehen sich also zurück in ihre nächtlichen Zimmer und asketischen Leben, sie haben Freunde bei den Soldaten und schreiben Kondolenzbriefe an die Mütter derer, die in diesem Krieg fallen. Dieser Krieg ist zum ersten Mal ein Weltkrieg und verzögert und ermöglicht in gewisser Weise zugleich die Arbeit unserer beiden Dichter an ihren Werken und deren Veröffentlichung, mit denen sie die Weltliteratur ein für alle Mal verändern, auch wenn sie fragmentarisch bleiben werden. Denn den beiden Junggesellen ist es nicht vergönnt, ihr Werk zu vollenden. Marcel Proust stirbt 1922 mit 51 Jahren und Franz Kafka 1924 mit 41 Jahren.

Gibt es eine Sprache auf der Welt, in die ihre Werke nicht übersetzt sind?

Kafka und Proust sind Söhne, Söhne starker Väter, die sich, auf unterschiedlichem Niveau, mit Erfolg hochgearbeitet haben und das auch von ihren kränkelnden und unverheiratet bleibenden Söhnen erwarten. Aus diesem Schatten heraus werden sie ihr literarisches Werk entwerfen, es wird unter dieser Problematik stehen, wenn es nicht überhaupt daraus geboren wurde, wie Proust es in der »Wiedergefundenen Zeit« deutlich ausspricht: »[…] daß ein großer Schriftsteller dieses wesentliche Buch, dieses einzig wahre Buch, da es bereits in jedem von uns existiert, nicht im landläufigen Sinne erfinden, sondern übersetzen muß«. Proust tastet sich an seine »Suche nach der verlorenen Zeit« durch vielfache Skizzen heran und schreibt schon 1908 in einem Brief an Georges Lauris: »Ich habe schon zwei Artikel in meinem Kopf entworfen, der eine wäre ein klassischer Essai [...], der andere begänne mit der Beschreibung eines Morgens, an dem Mama an mein Bett kommt und ich spreche mit ihr über den Text, den ich über Sainte-Beuve schreiben möchte, und ich würde ihr das dann entwickeln.« Die Grundidee des Romans, der Suche nicht etwa nach der verlorenen Zeit, sondern nach dem Werk, das geschrieben werden soll, ebenso wie die lebenswichtige Präsenz von Mama als Zeugin der Berufung zum Schreiben ist hier schon entwickelt.

Kafkas Werk hingegen durchzieht die Sohnes-Problematik vom »Urteil« über »Die Verwandlung« bis zum »Heizer«, die er schon 1912 unter dem Titel »Die Söhne« als Trilogie veröffentlichen wollte, bis zum späten »Brief an den Vater«. Beider hochproblematische Mutter- bzw. Vaterbeziehung ist jeweils auch eng an das Judentum der Mutter bzw. des Vaters gebunden.

Wir kennen Kafkas berauschte Tagebucheintragung nach der durchwachten Nacht des »Urteils« – die nebenbei auch die Nacht nach Jom Kippur dieses Jahres 1912 war: »Nur so kann geschrieben werden, nur in einem solchen Zusammenhang, mit solcher vollständigen Öffnung des Leibes und der Seele.« Schon in dem berühmten Brief vom 27. Januar 1904 an Oskar Pollak hatte er geschrieben: »Ein Buch muss die Axt sein für das gefrorene Meer in uns.« Ungefähr zur gleichen Zeit schreibt Proust in einem frühen Essay, der dann in den »Gegen-Sainte-

Beuve« eingeht: »Was wir machen, das ist, zum Leben zurückzukehren, mit all unseren Kräften das Eis der Gewohnheit und der Überlegungen zu zerbrechen, das sich unverzüglich auf der Wirklichkeit bildet und zur Folge hat, dass wir sie nie sehen, das ist, das offene Meer wieder zu erreichen.«

Wir verstehen, die beiden Junggesellen haben große Ambitionen, aber sie suchen nicht Ruhm noch Geld oder sonstige Zustimmung von außen, sondern Ausbruch aus dem Exil des erstarrten, entfremdeten Lebens, vielleicht die Rückkehr zu einer Wahrheit, die so lebendig ist wie die Wasser der Meere.

»Gedanken an Freud natürlich …«, schreibt Kafka am Ende der Tagebucheintragung nach der durchwachten Nacht des »Urteils« weiter. An anderer Stelle spricht er von der Psychoanalyse »als Raschi-Kommentar« zur Bedingung der jüdischen Existenz seiner Generation.* Und in einem Brief an Max Brod vom November 1921 heißt es: »Besser als die Psychoanalyse gefällt mir in diesem Fall die Erkenntnis, dass dieser Vaterkomplex, von dem sich mancher geistig nährt, nicht den unschuldigen Vater, sondern das Judentum des Vaters betrifft. Weg vom Judentum, meist mit unklarer Zustimmung der Väter (diese Unklarheit war das Empörende), wollten die meisten, die deutsch zu schreiben anfingen, sie wollten es, aber mit den Hinterbeinchen klebten sie noch am Judentum des Vaters und mit den Vorderbeinchen fanden sie keinen neuen Boden. Die Verzweiflung darüber war ihre Inspiration.«

Franz Kafka präsentiert sich: »Ich heiße hebräisch Anschel wie der Großvater meiner Mutter von der Mutterseite, der als

* Entwurf eines Briefes an Franz Werfel 1922, in: F.K., Nachgelassene Schriften und Fragmente II, Frankfurt a.M. 2002, S. 519 f.

ein sehr frommer und gelehrter Mann mit langem weißem Bart meiner Mutter erinnerlich ist.«*

Valentin Louis Georges Eugene Marcel Proust ist jüdisch durch seine Mutter: »Ich und mein Bruder wie mein Vater sind katholisch getauft, aber meine Mutter ist Jüdin.«** Die Mutter hat sich nie taufen lassen, die Ehe mit Adrien Proust, dem fünfzehn Jahre älteren Professor der Medizin, wurde nur standesamtlich geschlossen. Es ist erstaunlich, dass diese Ehe, mitten im Pariser Establishment, gesellschaftlich akzeptiert wurde, auch wenn sie dann später, während der Dreyfus-Affäre, auf eine harte Probe gestellt wurde, in der Zeit, als sich Juden in Frankreich Israeliten nannten und fast vollständig assimiliert haben. Darüber hinaus waren sie auch viel weniger zahlreich als in der österreichisch-ungarischen Monarchie, in der Franz Kafka lebte und in der es zwei Millionen Juden gab, während es in Frankreich weniger als hunderttausend waren, die meisten davon deutscher oder elsässischer Herkunft, die in wenigen Generationen von Klein- und Großhändlern zu Bankiers und Intellektuellen aufgestiegen waren. So wie die Familie Proust/Weil wohnten sie in großbürgerlichen Bezirken zwischen der katholischen Madeleine-Kirche und der Synagoge in der Rue de la Victoire oder in den westlichen Vororten von Paris, wie Prousts Großonkel Louis Weil in Auteuil, in dessen Haus Proust geboren wurde und das sich ebenso in den sagenhaften Ort Combray einschreiben wird wie das Illiers aus dem Département Eure-et-Loir der kleinbürgerlichen französischen Familie, die der Vater Adrien Proust hinter sich gelassen hat. In

* TB 25.12.1911

** Brief an Montesquiou, 19.05.1896

seinem Romanwerk der »Recherche« zeichnet Marcel Proust unter anderem die Verwandlung und den Aufstieg der elsässischen, deutschen oder auch polnischen Juden in die französische Bourgeoisie nach, der letztlich der seiner eigenen Familie ist.

Marcel Proust ist einer der bedeutendsten französischen Schriftsteller geworden und hat die europäische Literatur nachhaltig verändert, vielleicht haben ihn seine Randstellung als Jude und auch als Homosexueller wie seine Beobachtungssucht besonders dazu befähigt. Die Dreyfus-Affäre, auf Grund derer »das gesellschaftliche Kaleidoskop in einer Drehung begriffen [war], durch die die Juden auf den letzten Platz der sozialen Stufenleiter geschleudert wurden«*, wird als Katalysator gewirkt haben. Proust hat sich selbst als den »ersten Dreyfus-Anhänger« bezeichnet, er nahm täglich am Prozess teil, wie er es später auch seine Romanfigur Bloch tun lässt. Die Erzählung von den Verwicklungen um die Verurteilung des jüdischen Hauptmanns Dreyfus, die erst nach der Veröffentlichung von Zolas »J'accuse« und dessen Verurteilung zur eigentlichen Dreyfus-Affäre wird, nimmt im Roman der »Recherche« und dem früheren Romanfragment »Jean Santeuil«, dem einzigen literarischen Zeugnis, das gleichzeitig geschrieben wird, einen großen Raum ein. Proust ist auch ein aktiver Unterschriftensammler für das »Manifest der Intellektuellen«, das 1898 am Tag nach Emile Zolas Artikel »J'accuse« ebenfalls in der Zeitschrift »L'Aurore« erscheint. Er wehrt sich hingegen, diese Haltung als jüdische Solidarität anzusehen, und wird das auch den

* Marcel Proust, Die Welt der Guermantes, Berlin (DDR) 1975, S. 226

jüdischen Figuren seiner »Recherche« so in den Mund legen, dass es ihnen einzig um die Suche nach Gerechtigkeit geht. Diese Haltung teilte er übrigens mit der offiziellen Haltung der jüdischen Gemeindemitglieder, über die Leon Blum in seinen Memoiren schreibt: »Die Juden wollten nicht, dass man von ihnen glaubt, sie würden Dreyfus verteidigen, weil Dreyfus Jude war. Sie wollten nicht, dass man ihre Haltung irgendeinem Unterschied oder einer Solidarität der Rasse zuschreibt. Vor allem wollten sie keinen Vorwand liefern, um den Antisemitismus anzufachen, der sich in der Folge mit unvergleichlicher Intensität verbreitete.«*

Kafka hingegen behauptet die Geburt seiner Literatur aus der Randstellung als Jude ganz offen und formuliert seine These von der »kleinen Literatur«**: »Denn die Anforderungen, die das Nationalbewusstsein innerhalb eines kleinen Volkes an den Einzelnen stellt, bringen es mit sich, dass jeder immer bereit sein muss, den auf ihn anfallenden Teil der Literatur zu kennen, zu tragen, zu verfechten und jedenfalls zu verfechten, wenn er ihn auch nicht kennt und trägt.« *** Kafka bekennt sich zu dieser Aufgabe, nimmt sie an, auch wenn er zehn Jahre später noch in seinem Brief an Max Brod vom November 1921 von den drei Unmöglichkeiten einer deutsch-jüdischen Literatur, so nennt er sie beim Namen, klagt: »Zunächst konnte das, worin sich ihre Verzweiflung entlud, nicht deutsche Literatur sein, die es äußerlich zu sein schien. Sie lebten zwischen drei

* Zit. nach Michael Marrus, Les Juifs de France à l'époque de l'affaire Dreyfus, S. 254

** Nach Gilles Deleuze/Félix Guattari, Kafka: Für eine kleine Literatur, Frankfurt a. M. 1976

*** TB 25. 12. 11

Unmöglichkeiten, (die ich nur zufällig sprachliche Unmöglichkeiten nenne, es ist das Einfachste, sie so zu nennen, sie könnten aber auch ganz anders genannt werden): der Unmöglichkeit, nicht zu schreiben, der Unmöglichkeit, deutsch zu schreiben, der Unmöglichkeit, anders zu schreiben, fast könnte man eine vierte Unmöglichkeit hinzufügen, die Unmöglichkeit zu schreiben.«

Die Gedanken zu einer »kleinen Literatur« notiert er 1911 in sein Tagebuch, in der Zeit nach der Begegnung mit Jizchak Löwy und seiner jiddischen Theatertruppe aus Lemberg, deren Aufführungen in Prag er sich jeden Abend ansieht und die in ihm starke Gefühle einer Zugehörigkeit auslösen, die er wohl sonst nicht so positiv erleben kann. »Bei manchen Liedern, der Aussprache ›jüdische Kinderloch‹, manchem Anblick dieser Frau, die auf dem Podium, weil sie Jüdin ist, uns Zuhörer, weil wir Juden sind, an sich zieht, ohne Verlangen und Neugier nach Christen, ging mir ein Zittern über die Wangen.« Er liest »gierig und glücklich« Heinrich Graetz' »Geschichte der Juden«, er liest die verschiedenen Sammlungen der Sagen und talmudischen Erzählungen der Juden und hört sie von Jizchak Löwy, notiert sie ausführlich in sein Tagebuch, und der *amhorez*, der dort immer wieder vorkommt, wird in einem der wichtigsten Teile des späteren »Prozess«, in der Türhüter-Legende, als wörtlich übersetzter »Mann vom Lande« seinen großen Auftritt haben.

Auch wenn Marcel Proust in einer weiter fortgeschrittenen Phase der Assimilation lebte, die er als gegeben annimmt, dürfen wir uns nicht vorstellen, dass er gänzlich vom jüdischen Erbe seiner mütterlichen Familienüberlieferung abgeschnitten war, ganz im Gegenteil. Sein Großonkel, Godchaux Weil, der aus einer der vielen jüdischen Familien stammte, die um 1800 aus dem Elsass nach Paris kamen, als dort weniger als dreitausend Juden lebten, hatte unter dem Pseudonym Ben Levi ein im jüdischen Milieu vielgelesenes Buch, »Les matinées du samedi. Livre d'éducation morale et religieuse à l'usage de la jeunesse israélite«, publiziert. Das war eine Sammlung jüdischer Sagen und Erzählungen, in denen er die problematische Stellung des »modernen« Juden thematisierte, um ihn an das zu erinnern, was ihm verlorengegangen war, etwa mit der Erzählung vom Schicksal eines Tallits, eines Gebetsschals, über drei Generationen, der vom Enkel völlig sinnentleert einer »Grisette« geschenkt wird und ihr dann zur Verkleidung beim Kostümball dient. Godchaux Weil war einer der ersten jüdischen Autoren französischer Sprache und publizierte schon in den vierziger Jahren des 19. Jahrhunderts in den verschiedenen französischen jüdischen Zeitungen Erzählungen, die ihm den Titel eines »jüdischen Victor Hugo« einbrachten. Er starb 1878, und Jeanne Weil nahm ihren Sohn Marcel nicht nur zu seinem Begräbnis mit, sondern las den Söhnen regelmäßig aus den Erzählungen ihres Großonkels vor. Diese »Samstagmorgen-Geschichten« wurden nicht nur in Frankreich, sondern von der »Alliance israélite universelle« (französische Übersetzung des »Kol Israel Chawerim / Alle Juden sind Gefährten«) in ihren Schulen verbreitet, in denen die Juden des Maghreb, des Balkan, im Irak und in Persien Französisch lernten, und sie mögen vielleicht ihr Echo in dem auffälligen familiären Samstagsritual der Familie des Erzählers der »Recherche« gefunden haben, auch wenn sie nach Marranen-Art in einen christlichen Kontext verwebt sind; jedenfalls findet aus einem ganz pragmatischen Grund, weil die Köchin zum Markt ins benachbarte

Dorf geht, »samstags [...] alles eine Stunde früher statt. Die Wiederkehr dieses regelwidrigen Samstags war eines der im Innern unseres gemeinsamen Lebens auftretenden, lokalen, unserem kleinen Staatswesen eigentümlichen Ereignisse, die [...] eine Art von nationaler Einheit schaffen [...] und [...] Barbaren [...] nannten wir alle Menschen, die die Besonderheit unseres Samstags nicht kannten.«* Auf zwei Seiten wird nicht weniger als fünfzehnmal das Wort Samstag wiederholt, als könnte man den Namen dieses Tages, den die Barbaren so nicht kennen, gar nicht genug betonen.

»Zweitausend Jahre war die Tora der Mittelpunkt und absolut existentiell für die Juden, um sich als Volk zu verstehen, sie war der Ursprung der nationalen Identität jedes Einzelnen. [...] Heute ist das nicht mehr selbstverständlich und muss bewusst gewählt werden«, konstatiert Haym Soloveitchik, der amerikanisch-israelische Historiker.** Das Judentum ist eben nicht nur Konfession, also Bekenntnis, sondern Zugehörigkeit zum jüdischen Volk, in das man hineingeboren wird und das man sich nicht ausgesucht hat. Umso schwieriger und umso problematischer wird diese Existenz, wenn die Tora und die Volkszugehörigkeit nicht mehr eins sind, wie Soloveitchik zu Recht betont, wie seit den Zeiten der Aufklärung und der Emanzipation, die es nun jedem erlauben, sich seiner Bindungen, welcher Art auch immer, zu entledigen und als Einzelner zu behaupten, frei, aber auch ungeschützt durch den Stand, die Gruppe, die Gemeinschaft, ja, das Ghetto. Die neue Freiheit der Juden

* Swanns Welt, Berlin (DDR) 1974, S. 186 ff.

** In: Les nouveaux cahiers, Paris 1996/97

ist schon in der problematischen Erklärung verfasst, die der Comte de Clermont Tonnerre 1789 in der französischen Nationalversammlung verkündete, »den Juden als Nation alles zu verweigern, den Juden als Individuen alles zu gewähren«.

Die völlige Lösung des Juden als Individuum aus seinem Volk ist nie ganz gelungen, trotz erzwungener oder gewünschter Anpassungs-, ja, Auflösungsbestrebung. Die Grenzen sind von beiden Seiten nie ganz niedergerissen worden, und je mehr die Juden sich assimilieren, desto weniger werden sie akzeptiert. Proust breitet das in aller Ausführlichkeit aus, zur Zeit von »Eine Liebe von Swann«, also lange vor der Zeit des Dreyfus-Prozesses lässt er eine Marquise de Gallardon über Swann sagen: »Ich weiß natürlich, er ist getauft, sogar seine Eltern und Großeltern schon. Aber man sagt ja immer, dass getaufte Juden noch mehr mit ihrer Religion verbunden bleiben als die anderen, dass sie sich nur verstellen, ob das wohl stimmt?«*

Diese nie ganz niedergerissenen Grenzen werden von Seiten der christlichen oder säkularen Mehrheitsgesellschaft zu verschiedenen Zeiten unterschiedlich betont, von der christlichen Anklage des Gottesmords über mehr oder weniger dezente gesellschaftliche Vorurteile bis zur völligen Ausgrenzung und gewaltsamen »Endlösung« des nationalsozialistischen Deutschland. Ihr fielen Kafkas drei Schwestern Ottla, Elli und Valli und Prousts einzige Cousine Adèle und ihr Mann Jules-Maxime Weil einzig ihres Judeseins wegen an weit auseinanderliegenden Orten in den Vernichtungs- und Konzentrationslagern Europas zum Opfer.

* Swanns Welt, a.a.O., S.454

Martin Buber zitiert Moritz Heimann: »Was ein auf die einsamste, unzugänglichste Insel verschlagener Jude noch als ›Judenfrage‹ anerkennt, das einzig ist sie. Ja, das einzig ist sie«, fügt Buber noch in der ersten seiner »Drei Reden über das Judentum«, die er zwischen 1909 und 1910 im jüdischen Studentenverband Bar Kochba in Prag hält, hinzu. Er beginnt sie mit einer »Frage, die ich Ihnen und mir heute vorlege, [...] die Frage nach dem Sinn des Judentums für die Juden. Warum nennen wir uns Juden? Weil wir es sind? Was bedeutet das, dass wir es sind?«* Im Auditorium sitzt der gesamte Freundeskreis um Kafka, Brod, Weltsch, Bergmann, die von Bubers Reden aufgerüttelt und zu einem jüdischen, heute würden wir sagen, Selbstfindungsprozess motiviert wurden, einer Befragung des ererbten Judentums, das sie nur noch als Westjudentum, wie Kafka betont, erleben, »ein Nichts von Judentum [...] es vertropfte zur Gänze, während du es weitergabst«, wirft er seinem Vater in dem Brief, den er nie abschicken wird, vor.

Sowohl Kafka als auch Proust lebten jedoch in einer Epoche, in der sich auch der assimilierteste Jude, vielleicht gerade, weil er sich von seiner Religion entfernt hatte, noch einer irgendwie gearteten Volkszugehörigkeit bewusst war, und zwar auf Grund einer damals modernen Rassentheorie, die im Großen und Ganzen zu dieser Zeit auch von den Juden angenommen wurde, nicht hierarchisierend, was sie zunächst ja nicht war. Jedenfalls ersetzte bei den Juden die Idee der Rasse im allgemeinen Zeitgeist nur die Idee der Volkszugehörigkeit, die teils Stolz, teils Fremdzuschreibung ausdrückt. Auch Buber in seinen »Drei Reden über das Judentum« beschwört »die Un-

* Martin Buber, Drei Reden über das Judentum, Frankfurt a.M. 1920

sterblichkeit der Generationen in der Gemeinschaft des Blutes«. In einem Brief aus Paris an seine Braut vom 2. Februar 1886 schreibt Sigmund Freud, wie er in eine politische Diskussion voller antideutscher revanchistischer Ideen nach dem Krieg 1870/71 geriet und wie er sich da herauszog, »ich gab mich gleich als juif, der weder Deutscher noch Österreicher ist, zu erkennen. Solche Gespräche sind aber immer sehr peinlich, denn ich fühle was Deutsches sich in mir regen, was ich zu unterdrücken lange beschlossen habe«. Im nächsten Brief berichtet er seiner Braut übrigens von einer Abendeinladung bei Jean-Martin Charcot, bei der er vielleicht den inzwischen prominenten Adrien Proust hätte treffen können.

In den nicht sehr umfangreichen Aufzeichnungen seiner Reisen mit Max Brod nach Paris und in die Schweiz 1911 bemerkt Kafka anlässlich eines Konzerts in Zürich knapp: »Keine Juden«, und im Pariser Bois de Boulogne: »Hier war das Fehlen der Juden am auffallendsten«, oder aber: »Vier Juden im Zug, Ähnlichkeit mit dem Vater.« Man erkannte sich also. Und noch 1920 schreibt er an Milena: »Für die Europäer haben wir alle das gleiche Negergesicht.«

»Ein Menschenschlag von einem gewissen Einheitstyp aus verschiedenen Einflüssen amalgamiert«, formuliert das »Jüdische Lexikon« von 1927 unter dem Eintrag »Jüdische Rasse« etwas dezenter, was Kafka so ungeschminkt formuliert.

Diesen gewissen, also auch physiognomischen »Einheitstyp« hat Proust seinen jüdischen Romanfiguren verliehen, dem späten Charles Swann und vor allem Albert Bloch, auf die er offensichtlich seine eigene äußere Erscheinung übertragen hat. In seinem Buch »Profils juifs de Marcel Proust« hat Jean Recanati einige Bemerkungen seiner Freunde über Prousts äußere

Erscheinung zusammengetragen: »Er war schön, von einer ein wenig italienischen Schönheit, er lachte im Einverständnis, als ich ihm sagte, dass er einem italienischen Prinzen ähnele.« (Fernand Gregh); »Das reine Oval seines Gesichts, eines jungen Assyrers« (Jean-Emile Blanche); »Dieser junge persische Prinz mit den großen Gazellen-Augen« (P. Desjardin); »Er erinnerte mich an ich weiß nicht welche El Grecos, an welche Porträts der florentinischen und lombardischen Schule, ich weiß nicht, welchen persischen Prinzen.« (Leon-Paul Farge); »Dieses schöne, orientalische Gesicht« (Comtesse de Noailles); »diese dunkle, orientalische Haarpracht« (Lucien Daudet); »Eines Abends, nachdem er eine Weile seinen Bart hatte wachsen lassen, erschien plötzlich hinter dem charmanten Marcel, den wir alle kannten, der rabbinische Ahne.« (Ders.)* Genauso wird Marcel Proust später den alten, vom Tode gezeichneten Charles Swann beschreiben: »jedenfalls [...] wirkte [seine Nase] eher wie die eines alten Hebräers, als die eines sonderbaren Valois. Vielleicht ließ in seinen letzten Tagen die Rasse den für sie charakteristischen Typ bei ihm rein körperlich ebenso deutlich in Erscheinung treten wie das Gefühl moralischer Solidarität mit den anderen Juden, ein Gefühl, das Swann sein ganzes Leben lang vergessen zu haben schien und das jetzt, als eines zum anderen kam – die tödliche Krankheit, die Dreyfus-Affäre und die antisemitische Propaganda –, in ihm wach geworden war. Swann war im Alter der Propheten angelangt.«**

* Jean Recanati, Profils juifs de Marcel Proust, Paris 1979

** Sodom und Gomorra, a.a.O., S. 119

Des Öfteren beschreibt, betitelt, beklagt sich Franz Kafka, ja, klagt er sich an als »Westjude«, in einem Brief an Milena vom November 1920 als der »westjüdischste von ihnen [...] nichts ist mir geschenkt, alles muss erworben werden, nicht nur die Gegenwart und Zukunft, auch noch die Vergangenheit.«

Er meint damit das Abgeschnittensein von der jüdischen Überlieferung, der Tradition, dem Wissen und vielleicht sogar der Religion, das er in einer Art Phantomschmerz sein ganzes Leben lang buchstäblich an Leib und Seele spürt. Proust hingegen, scheint mir, konnte sich von seiner nicht ganz jüdischen und nicht ganz katholischen Existenz, zumal als Homosexueller, schreibend erlösen.

Die Problematik des »Westjuden« ist fast die älteste, die das Judentum mit sich herumträgt und aus der sich tatsächlich über die Jahrhunderte und später, nach der Emanzipation in den Zeiten Kafkas und Prousts, Juden bis zum völligen Verschwinden in die Assimilation verloren.

Dass wir Juden sind, sagte ich zu Beginn, kommt aus dem Exil, und so wie Gott mit Abraham im fremden Land seinen Bund schloss, ihn dort die Verheißung hören ließ, entstand viel später das eigentliche rabbinische Judentum im babylonischen Exil. Dort fand der Talmud seine Gestalt in den zahllosen Kommentaren zur Tora in der Mischna und der späteren Gemara, der Grundlage aller weiteren Kommentare bis heute, die die Schrift in der Gegenwart des täglichen Lebens zu deuten suchen.

Weil dieses Herzstück des Judentums, der Talmud, im Osten, in Babylonien entstand, heißt er auch der babylonische Talmud, im Gegensatz zu seiner weniger umfangreichen Version, die von den in Palästina verbliebenen Gelehrten entworfen wurde und deshalb der Jerusalemer Talmud heißt. Zur gleichen Zeit trat im Westen des Römischen Reiches das Christentum seinen Siegeszug an, das auf der griechischen Sprache und Schrift beruhte, während der Talmud sowohl in Hebräisch (Mischna) und im vernakulären Aramäisch abgefasst (Gemara) wurde, nachdem er zunächst lange nur mündlich überliefert worden war. Das Christentum bezog sich auf die griechische Übersetzung der biblischen Bücher, die Septuaginta, und auch Philon von Alexandria in seinen Schriften und Flavius Josephus in seinen »Jüdischen Altertümern« schrieben und sprachen Griechisch und bezogen sich einzig auf die Septuaginta, weit entfernt vom neuen rabbinischen Judentum, das in Babylonien dabei war, den Talmud zu redigieren.

Wahrscheinlich nicht zufällig verirrte sich Paulus auf seinen Missionen nie in den Osten, und die »einzig auf der griechischen Bibel fußende Vorstellung von Juden und Judentum wird während der ersten Jahrhunderte u.Z. in den Schriften der Kirchenväter weiter verfestigt«, schreiben Doron Mendels und Arye Edrei in ihrem Buch »Zweierlei Diaspora«.* »Ihre antijüdische Polemik gründet sich auf den gemeinsamen Text des Alten Testaments. In der Regel ignorierten die Kirchenväter Gesetze und Gelehrsamkeit der Rabbiner. [...] Im gesamten Corpus der zunächst mündlichen Lehre, Mischna, Tosefta, beider Talmudversionen und Midrasch, gibt es praktisch keine Gesetze oder Aussprüche, die den Weisen der westlichen Diaspora zugeschrieben werden, von den Hunderten Rabbinern, die an der kollektiven, mehrere Jahrhunderte umspannenden

* Mendels/Edrei, Zweierlei Diaspora, Göttingen 2010

Schöpfung der mündlichen Lehre teilhatten, waren nahezu alle aus dem Osten.«

Ein assimiliertes Westjudentum gibt es also schon sehr lange, eben nicht nur in Gestalt jüdischer Christen, sondern von Juden, die in römischen und griechischen Provinzen und Städten sehr wohl in jüdischer Tradition und religiöser Praxis lebten, aber ohne jeden Kontakt zum neuen und sich ständig erneuernden modernen rabbinischem Judentum in Babylon. So war zu Zeiten von Kafka und Proust das Westjudentum abgeschnitten von der litauischen Gelehrsamkeit, dem rabbinischen Judentum, das einzig Zeiten, Nationen, Sprachen und Kulturen seit der Antike überlebt hatte, und von der verhältnismäßig neuen chassidischen Frömmigkeit und Lehre, auch wenn es in der Lebensrealität der Ghettos, Judengassen oder Schtetl nicht so idyllisch gewesen sein mag, wie es Kafka zunächst bei seinen Begegnungen mit der ostjüdischen Theatertruppe aus Lemberg und den Flüchtlingen nach dem Ende des Ersten Weltkriegs und deren Erzählungen idealisierte: »[…] alle diese Geschichten sind, ich verstehe es nicht, das einzige Jüdische, in welchem ich mich, unabhängig von meiner Verfassung, gleich und immer zuhause fühle, in alles andere werde ich nur hineingeweht und ein anderer Luftzug bringt mich wieder fort«, wie er im Brief an Max Brod vom 28. September 1917 schreibt.

Langsam entstand unter den modernen Westjuden ein Bewusstsein ihres leer gelaufenen Judentums, das von vielen Söhnen beklagt wurde, von denen einige, wie Martin Buber und Franz Rosenzweig, eine geistige Erneuerung, wenn nicht Wiedererweckung im Geistigen erstrebten. Die stärkste Strömung jedoch war die des politischen Zionismus; in Theodor Herzl, der in seinem Buch »Der Judenstaat« zur Rückkehr in das Heilige Land als letztlich einziger Lösung der ewigen Judenfrage aufrief, fand er eine charismatische Führerfigur. Auch Herzl war einer der »westjüdischsten« Juden gewesen, wohl etabliert im K.-u.-k.-Kulturbetrieb, bis der Dreyfus-Prozess, dem er als Korrespondent beiwohnte, in ihm die schockierende Erkenntnis auslöste, es müsste eine radikale Lösung geben, den Juden einen Platz zu verschaffen, an dem sie nicht mehr als ausgegrenzte, ständig bedrohte Minderheit ihr Schicksal unter den Völkern erdulden müssten, sondern es selbst gestalten könnten. Alfred Dreyfus wurde am 5. Januar 1895 in Paris vor Tausenden von Zuschauern öffentlich degradiert und auf die Teufelsinsel verschickt, im Juni desselben Jahres stellte Herzl sein Buch »Der Judenstaat« fertig, das im Februar 1896 erschien, und schon 1897 fand der I. Zionistenkongress in Basel statt. Kafka nahm später, 1913, am XI. Zionistenkongress in Wien teil, sicher mehr aus Neugier. Er fühlte sich zeitweilig sowohl von Bubers kulturzionistischem Projekt als auch vom politischen Zionismus angezogen, der dann schnell zu einer institutionalisierten Bewegung wurde; er lernte immer wieder Hebräisch, schrieb sich in seinem letzten Berliner Jahr zu Kursen in der dortigen Hochschule für die Wissenschaft des Judentums ein und spielte immer wieder mit der Idee der Auswanderung nach Palästina. Doch er war viel zu stark von seinem unabhängigen, immer zweifelnden Geist geprägt und zu wenig eins mit sich und der Welt, als dass er sich von ideologischen Bewegungen Erlösung hätte erhoffen können. Das Wort »Volk« gehört nicht zu seinem Wortschatz und kommt, da aber gehäuft, nur in seiner allerletzten Erzählung »Josefine und das Volk der Mäuse« vor. Zum Auswandern war er am Ende schließlich zu krank.

Auch Proust erwähnt den Zionismus als ein gegebenes gesellschaftliches Phänomen, neben »der Verweigerung des Militärdienstes, Saint-Simonismus, dem Vegetariertum, der Anarchie« in »Sodom und Gomorra«, eher beiläufig. Der Dreyfus-Prozess in allen seinen Volten durchzieht das gesamte Werk der »Recherche«, bis sein Erzähler am Schluss, nach Verlauf sehr vieler Jahre glaubt, feststellen zu können: »Die Stimmung für Dreyfus war jetzt in den Bestand respektabler und gewohnter Dinge eingereiht worden [...] shocking jedenfalls fand man sie nicht mehr.«* Dass die Affäre ihn bis in die letzten Lebensjahre seiner Arbeit an der »Recherche« begleitete, beweist jedoch eher die Aussage von Charles Peguy: »Plus cette affaire est finie, plus il est evident qu'elle finira jamais.«** Je mehr diese Affäre beendet ist, desto klarer wird, dass sie niemals enden wird.

Was ist, was wäre eigentlich, gibt es eine jüdische Literatur?

Im engeren Sinne ist jüdische Literatur natürlich »all dasjenige Schrifttum des jüdischen Volkes, das nach der Bibel entstanden ist und die Behandlung oder Darstellung des Judentums, seiner Lehre, seiner Geschichte und seiner Quellenschriften in Prosa oder Poesie in erster Reihe für jüdische Leser zur Aufgabe hat«, definiert das Jüdische Lexikon*** nach der Auffassung des 19. Jahrhunderts, die besonders von Leopold Zunz und Gustav Karpeles in ihren Schriften zur jüdischen Literatur geprägt wurde. Zunz, der 1838 eine erste Übersetzung

* Die wiedergefundene Zeit, Berlin (DDR) 1976, S. 50

** Zit. nach Philippe Oriol, L'histoire de l'Affaire Dreyfus, de 1894 à nos jours, Paris 2014

*** Jüdisches Lexikon, Berlin 1929

der jüdischen Bibel auf Deutsch und in lateinischer Schrift unternahm, theoretisierte den Begriff der jüdischen Literatur ganz im säkularen Sinne der von ihm gegründeten Wissenschaft des Judentums. Franz Rosenzweig verspottete diese Wissenschaft übrigens viele Jahre später in einem seiner Briefe als »doppelte Buchführung«*, er gehörte der Generation an, die das Unbehagen in der assimilierten Kultur empfand und eine Erneuerung in einer ganz anderen Richtung anstrebte.

Interessant an Zunz' Auffassung von jüdischer Literatur ist ihre Beschreibung als eine Literatur zwischen den Nationen, Kulturen und Sprachen, jenseits fester nationaler Identitäten. Wir erkennen Kafkas »kleine Literatur« wieder, und vielleicht war es auch Kafka, der diesen Begriff als einer der Ersten, wenn auch im Zusammenhang mit den drei Unmöglichkeiten des Schreibens, mit solcher Selbstverständlichkeit in seinem Brief an Brod von 1921 benutzt: *deutsch-jüdische Literatur*.

Spricht der Offizier in Kafkas Strafkolonie nur zufällig Französisch? Auch Kafka wird von der Dreyfus-Affäre und Dreyfus' Deportation auf die Teufelsinsel nicht unbeeindruckt geblieben sein. Es gibt in Kafkas Werk keine jüdischen Figuren und auch keine explizit jüdische Thematik, auch wenn viele seiner Texte dazu einladen, sie als Parabeln auf die »Judenfrage« zu lesen. Der Landvermesser im »Schloss« ist ein Fremder, bleibt ein Fremder, kommt von weit her, es wird aber nie gesagt, woher, vom anderen Ufer, von jenseits des Flusses; ein Fremder, »der für etwas Nahes kämpfte, für sich selbst, [...] statt dessen ließen

* Brief an Margrit Rosenstock, 29.8.1918, in: Die »Gritli«-Briefe, Tübingen 2002, S.135

sie K. allerdings innerhalb des Dorfes überall durchgleiten, wo er wollte, verwöhnten, schwächten ihn dadurch [...] schalteten hier überhaupt jeden Kampf aus und verlegten ihn dafür in das außeramtliche, völlig unübersichtliche, trübe, fremdartige Leben.«* Kafkas Romanfragmente und Erzählungen wirken unerhört klar, ja, akribisch, und gleichzeitig märchenhaft; die Tierfabeln unter den Legenden scheinen eine jüdische Auslegung besonders nahezulegen. So könnte die Geschichte des dressierten Affen im »Bericht für eine Akademie« als eine karikierende Beschreibung der Assimilation als misslungener oder zu gut gelungener Dressurakt gelesen werden und wird von einigen Kommentatoren auch so gelesen. Und der Käfer der »Verwandlung«, erinnert er nicht an den Wurm aus Psalm 22, dem Hilfe und Erlösung jedoch endgültig verweigert zu sein scheinen?

Franz Kafka beschäftigt sich, schlägt sich über seine ganze Lebenszeit mit seinem Judentum herum, davon lesen wir in seinen Briefen und Tagebüchern und im nie abgeschickten »Brief an den Vater«, einem Zwischending zwischen Brief und Essay, wo er auf wenigen Seiten den ganzen Prozess der Assimilation skizziert, »aus der kleinen gettoartigen Dorfgemeinde«, aus der der Vater stammte, vom »verhältnismäßig noch frommen Lande« bis zu seiner sich in »Nichtigkeit und Gleichgültigkeit« auflösenden Form, die dann »zur Gänze vertropfte«. Kafka bedauerte diesen Zustand, er quälte ihn, wie wir aus dieser späten Bilanz herauslesen können, aber aus diesem Mangel, aus dieser Nichtigkeit kann er aus seinem Vaterhaus hinaus ein

* Franz Kafka, Erzählungen, Der Prozess, Das Schloß, Berlin (DDR) 1965, S. 501

literarisches Universum schaffen, indem er die drei Unmöglichkeiten, zu schreiben, durchbricht, jenseits der konventionellen Erzählungen der Mehrheitskultur, die sich ihres Behagens in der modernen Zeit ja auch nicht mehr so sicher ist. Kafkas Werk vermisst diese moderne Welt auf eine detailversessene, extrem reale und gleichzeitig märchenhafte Weise. Es gibt in diesem Universum eigentlich auch keine weiteren kulturellen Bezüge, es gibt keine Malerei, Musik, Bilder oder Architektur und auch keine Psychologie und keine Landschaft, wie sie bei Proust als so wichtige Bezugspunkte erscheinen. Auch die jüdische Literatur im klassischen Sinne, von der Bibel bis zum Talmud mit all seinen Kommentaren, kennt keine Landschaftsbeschreibungen, keine Psychologie oder sonstigen Bezüge außerhalb der Deutung der Schriftweisen. »Gegen zehnmal ›das ist recht, das ist gut‹ hört man kaum einmal von ihnen ›das ist schön‹«, beklagt sich Wilhelm von Humboldt in einem seiner Briefe über die jüdischen Frauen, in deren Berliner Salons er ansonsten häufig verkehrte.*

Der christliche Volksmund nannte diese Art der Betrachtung »Haarspalterei«, die jüdische Tradition hingegen bekennt sich dazu mit dem Begriff »Pilpul«, der von dem hebräischen Wort für Pfeffer abgeleitet ist und also eine »verschärfte Diskussion« meint. Die Diskussion K.s mit dem Geistlichen um die Deutung der Türhüter-Legende erinnert genau an diese »pilpulistische« Methode, von der Kafka von seinen verschiedensten jüdischen Bekanntschaften und Lektüren ja gehört haben muss.

* Wilhelm und Caroline v. Humboldt in ihren Briefen, Berlin 1906–1916, Bd. 1, S. 75

Proust, der sich in der Assimilation eingerichtet zu haben scheint, hat in der ersten Hälfte seines Lebens die bourgeoisen und aristokratischen Pariser Milieus durchwandert, um nicht zu sagen unterwandert, wie seinen Freunden und Bekannten später klarwerden wird, und wirft in der zweiten Hälfte seines Lebens den Blick zurück in diese Welt. Er präsentiert sie zunächst noch in der Art eines Balzac, unternimmt jedoch bald darüber hinaus auch eine Psychoanalyse dieser Gesellschaft und kennt keine Chronologie mehr, denn er sucht ja in Wirklichkeit nicht die verlorene Zeit, sondern sich selbst, seinen Weg aus den Äußerlichkeiten des Geredes und Getues in die Zukunft seines Werkes, das dafür Gestalt finden soll. Unter den zahllosen Personen, die den Roman bevölkern, stechen drei Figuren hervor. Neben dem homosexuellen und höchstadligen Baron de Charlus, dem wir auch einen besonders aggressiven antisemitischen Redeschwall zu verdanken haben, sind es die beiden jüdischen Figuren des Charles Swann und Albert Bloch. Diese beiden »durchleben« die »Recherche« vom ersten bis zum letzten Band. »[…] alles in allem, wenn ich darüber nachdachte, hatte ich den Stoff meiner Erfahrung, der auch der Stoff meiner Bücher sein würde, von Swann und zwar nicht nur in Gestalt dessen, was ihn selbst […] betraf […], so dass sogar meine derzeitige Anwesenheit im Hause des Prinzen de Guermantes, in dem mich mit so jäher Plötzlichkeit die Idee meines Werkes überfiel […], ebenfalls durch Swann zustande gekommen war«, bilanziert der Ich-Erzähler in »Die wiedergefundene Zeit«. Swann – das bin ich, könnte es heißen, oder besser, Swann ist der, der ich war, der seine Zeit vertat, sein Leben an die Leidenschaften der Liebe und der Kunst verlor und in beidem ein Dilettant blieb, im Gegensatz zum Ich-Erzähler, der schließlich die Kraft zu dem Entschluss findet, sich an sein Werk zu machen. In dem breiten Fresko der Figuren nehmen die jüdischen Figuren also einen besonderen Platz ein, ja, sie scheinen Identifikationsfiguren zu sein, in einem Satz der »Wiedergefundenen Zeit« versteckt Proust diese Identifikation sogar: »Wenn man Bloch sagte, meinte man damit mich.«* Dazu kommt die Beschreibung von Blochs Äußerem, das den von mir zitierten Beschreibungen Prousts durch seine Freunde auffällig ähnelt, und die Bemerkung, dass er, Bloch, sich nach dem Tod seines Vaters »fast ein Jahr in einem Sanatorium aufhalten musste«, genau wie Proust nach dem Tod seiner Mutter. Dass der Autor ihn besonders überzeichnet, bestärkt diese Vermutung noch, obwohl er auch sonst niemanden schont, wenn er die Leere hinter den Kulissen der aristokratischen und bourgeoisen kultivierten Welt aufdeckt, deren Getue beschreibt, ja, karikiert.

Wie schon gesagt, der Roman von der Entstehung des Romans, um nicht zu sagen, der Erlösung zur Kreativität, ist eben auch der Roman vom Aufstieg der Juden in die französische Gesellschaft und den Grenzen, die ihnen dabei gesetzt sind, wie die Dreyfus-Affäre aufdeckt.

Der Assimilationsprozess wird bei Swann und bei Bloch gegenläufig beschrieben. Swann, dessen Familie schon seit Großväterzeiten getauft ist, findet unter dem Eindruck der Dreyfus-Affäre zum Judentum seiner Väter zurück, während Albert Bloch, Kind russischer Einwanderer, die noch Jiddisch sprechen, sich am Ende zu einem Jaques du Rozier und Erfolgsschriftsteller wandelt und seinerseits ein überaus engagierter

* Die wiedergefundene Zeit, Berlin (DDR) 1976, S. 356

Dreyfusard ist, der, wie Marcel Proust es auch selbst getan hat, Unterschriften für eine Revision des Prozesses sammelt und dem der Erzähler gleich zu Beginn der »Recherche« seine Initiation in die Literatur und den Sex zu verdanken hat. Wir haben bei der Lektüre das Vergnügen, den gesamten Bloch-Clan kennenzulernen, den Vater, die Schwestern, den homosexuellen Onkel, dessen Vornamen Nissim Proust nie vergisst zu nennen, obwohl er das sonst so beständig bei keiner anderen Figur tut, als möchte er dessen Judentum besonders kenntlich machen. Dieser Clan um Bloch, so wird uns gezeigt, macht sich ziemlich lächerlich, weil er in den Codes der Welt, an die er sich gerade anpasst, noch nicht zu Hause ist; sie kommen eben von »jenseits«, sie sind peinlich, geschmacklos, so wie es auch in Wirklichkeit von alteingesessenen Mitbürgern in zahllosen Briefen und sonstigen Berichten bezeugt worden ist, von Theodor Fontane in der Mark Brandenburg bis zu den Badegästen in Trouville, von denen uns Prousts Biograf Jean-Yves Tadie einige Beispiele gibt: »Alle gingen ihnen aus dem Weg, weil sie grell gekleidet, Schreihälse und gewöhnlich waren.«* Gemeint sind hier die Finalys, eine Familie der europäischen Hochfinanz, in deren Villa in Trouville Proust öfters die Ferien mit Horace Finaly, seinem Klassenkameraden vom Lycée Condorcet, verbrachte, der später Direktor der Banque de France et des Pays Bas (Paribas) wurde; es stimmt, die Familie kam von »jenseits«, Horace wurde noch in Budapest geboren.

Proust karikiert Bloch in seiner vollendeten Assimilation, ja, Verwandlung: »Dank der Haartracht aber, dem Wegfall des Schnurrbarts, der Eleganz des gewählten Typs, dem Willen ver-

* J-Y. Tadie, Marcel Proust, Frankfurt a.M. 2008, S. 940

schwand diese jüdische Nase […], um aber das Gesicht mit dem geglätteten Haar und Monokel in Einklang zu bringen, drückten Blochs Züge überhaupt nichts mehr aus.«* Den Gag, in Blochs neuem Namen du Rozier seine Herkunft aus der Pariser Judengasse Rue de Rosiers zu verstecken, lässt sich Proust nicht entgehen. Noch auf den letzten Seiten der »Recherche« aber lässt er dem jüdischen Parvenü Gerechtigkeit widerfahren, indem er ihm bei seinem letzten Auftritt charakterliche Reife bescheinigt, die »ihm mit der gesellschaftlichen Stellung und dem Alter zugekommen [war], mit einer Art gesellschaftlichem Alter, wenn man so sagen darf.«**

Es gab sowohl im Leben Prousts als auch Kafkas starke Momente der Versuchung, sich sozusagen in Wort und Tat zu engagieren, der sie jeweils auch für kurze Zeit nachgaben, im Engagement des Dreyfusards, im Engagement für eine jüdische Erneuerung, für den Zionismus – beide jedoch verweigerten sich einem weiter gehenden Engagement. Sie entschlossen sich für die lange, langsame Suche nach der Gestalt, die sie ihrer einmal erkannten Wahrheit geben könnten. »Zeitweilige Befriedigung kann ich in Arbeiten wie Landarzt noch haben […], Glück aber nur, falls ich die Welt ins Reine, Wahre, Unveränderliche heben kann«, schreibt Franz Kafka am 25. September 1917 in sein Tagebuch, und am 28. September, dazwischen lag Jom Kippur: »Dem Tod würde ich mich anvertrauen. Rest eines Glaubens. Rückkehr zum Vater. Großer Versöhnungstag.«

Beide Schriftsteller, Junggesellen, haben schließlich bis zu

* Die wiedergefundene Zeit, a.a.O., S. 330

** Ebda., S. 350

ihrem frühen Tod, der ihre Werke unvollendet ließ, alles an körperlicher und seelischer Kraft aufgeboten, um in ihrem Werk »die in den Wörtern gefangene Wahrheit zu befreien«, wie es Proust in »Die wiedergefundene Zeit« ausdrückt, und es ist nicht übertrieben zu sagen, dass sie darin Erlösung erhofften, ja, sich einer Verheißung auf den Aufbruch zum jenseitigen Ufer des Flusses anvertrauten, zu den Gestaden der Wahrheit, trotz aller Unmöglichkeiten des Schreibens.

»Nach tagelangen ununterbrochenen Kopfschmerzen endlich ein wenig freier und zuversichtlicher. Wäre ich ein Fremder, der mich und den Verlauf meines Lebens beobachtet, müsste ich sagen, dass alles in Nutzlosigkeit enden muss, verbraucht in unaufhörlichem Zweifel, schöpferisch nur in Selbstquälerei. Als Beteiligter aber hoffe ich«, schrieb Franz Kafka am 25. Februar 1915 in sein Tagebuch. Kafka wusste, oder wusste auch nicht, dass der Talmud in einem seiner Traktate* versichert, dass eine der Fragen, die dem Menschen einst von seinem obersten Richter gestellt werden wird, lautet: »Hast du gehofft?«

»In dem Augenblick aber, in dem uns alles verloren scheint, erreicht uns zuweilen die Stimme, die uns retten kann: man hat an alle Türen geklopft, die auf gar nichts führen, vor der einzigen aber, durch die man eintreten kann, und die man vergeblich hundert Jahre lang hätte suchen können, steht man, ohne es zu wissen, und sie tut sich auf«, erkennt der Erzähler in der »Wiedergefundenen Zeit«.**

So ergeht es auch Ruth, der Moabiterin, als sie zu Boas Fü-

* Schabbat 2, 4

** A.a.O., S. 224

ßen schläft, sie weiß es nicht, er weiß es nicht, aber aus ihrer Verbindung wird schließlich David hervorgehen, der kleine Hirtenjunge, an den überhaupt niemand denkt, bevor ihn Samuel zum König salbt. Sein Sohn und Nachfolger Salomon wird dann den Tempel erbauen; es heißt von ihm im Midrasch, er habe sich neun Jahre von seinem Thron in ein Exil zurückgezogen, um das Buch *Kohelet* zu schreiben, den »Prediger Salomon«: »Alles hat seine Zeit ...«

So haben sich die beiden Dichter, ähnlich wie Salomon, ungefähr zur gleichen Zeit in Paris und in Prag, während draußen der Erste Weltkrieg tobt, zurückgezogen, um jeder auf seine Weise ein Werk jenseits aller bis dahin geltenden literarischen Konventionen zu entwerfen. »Wenn es sich ums Schreiben handelt, ist man gewissenhaft [...], man verwirft, was nicht Wahrheit ist [...], und dass der Leser das, was das Buch aussagt, in sich selbst erkennt, ist der Beweis der Wahrheit eben dieses Buches.«*

Eine der berühmtesten Parabeln in Kafkas Werk ist die Türhüter-Legende aus dem »Prozess«, in der der »Mann vom Lande«, der *amhorez*, vergeblich vor der Tür des Gesetzes wartet, bis es zu spät ist und die Tür geschlossen wird, da er nicht verstanden hat, dass dies seine Tür ist, die, die nur für ihn bestimmt war.

Man kann sich wohl denken, dass an dem jungen Franz Kafka, wenn er, sich langweilend, neben seinem Vater den langen Versöhnungstag Jom Kippur in der Synagoge absaß, wenigstens das letzte volkstümliche Gebet nicht völlig vorüberrausch-

* Die wiedergefundene Zeit, a.a.O., S. 278

te, zu dem auch noch Juden in der Synagoge erscheinen, die man dort sonst nicht trifft, und mit dem dieser lange Tag endet, das Neila-Gebet: »Öffne uns das Tor / bevor es sich schließt / ehe die Nacht uns grüßt / denn schon neigt sich der Tag …«

III

Andenken an Anna Weil

Zur Aufnahme in die Deutsche Akademie für Sprache und Dichtung 2008

Wie sich immer alles zueinanderfügt, ist doch fast zum Verrücktwerden.

Ich darf mich vor der Akademie für Sprache und Dichtung in Darmstadt als neues Mitglied vorstellen und stelle Ihnen da zuerst meine Urgroßmutter vor, deren Namen, Anna, ich als zweiten Namen trage und die hier in Darmstadt, wenige Meter von dem Ort, an dem wir uns gerade befinden, auf dem jüdischen Friedhof in der Seekatzstraße begraben ist. Auch ihr Mann ist da begraben und ihre Eltern und die Eltern der Eltern und deren Eltern, meine Vorfahren, die Weils und die Sanders, »die schon mit den Römern hierhergekommen sind!«, wie mein Vater anzugeben liebte. Die Weils und die Sanders waren Ärzte und Bankiers, was Juden so sind oder waren, und mein Vater pflegte weiter anzugeben, dass einer von ihnen Hofbankier des Großherzogs von Hessen-Darmstadt gewesen sei und ein anderer dessen Hofarzt und der habe gleichzeitig noch den Zaren von Bulgarien, Alexander Battenberg, kuriert. Das ist mündliche Überlieferung, und ich habe sie nicht nachgeprüft oder nachgeforscht, denn es klingt viel zu schön und ist auch nicht ganz unwahrscheinlich, jedenfalls schöner als alles, was dann folgte.

Mein Vater liebte seine Großmutter Anna nämlich auch deshalb so sehr, weil er seine Mutter schon mit elf Jahren verloren hatte, kurz bevor sein einziger Bruder 1916 im Ersten Weltkrieg als deutscher Fähnrich gegen die Franzosen fiel. Weniger als zwanzig Jahre später musste dann mein Vater jedoch als Jude das geliebte Hessen verlassen, um in einem fremden Land Zuflucht zu suchen. Den Exodus vom Frankfurter Hauptbahnhof hat er mir so überliefert, dass da der Schaffner vor der Abfahrt des Zuges auf gut Hessisch gerufen habe: »Hinne fertsch, vorne fertsch, alles fertsch – FORT!« Vorher hatte er, mein Vater, an der hessischen Ludwigs-Universität zu Gießen »Über die sozialen und politischen Ideen im Werk Georg Büchners« promoviert. Wir bleiben also in jeder Hinsicht im Hessischen.

Da war ich zwar noch nicht geboren, aber mein Vater sprach mir, die ich ja »danach« im ungeliebten Berlin geboren wurde, von Hessen immer wie von einem verlorenen Paradies. Vor allem aber las er mir, so weit ich zurückdenken kann und mein ganzes späteres Leben lang – nein, er las es nicht vor, er kannte es auswendig, das Märchen aus dem »Woyzeck«: »Es war einmal ein arm Kind und hat kein Vater und keine Mutter, war alles tot, und war niemand mehr auf der Welt. Alles tot, und es is hingangen und hat gesucht Tag und Nacht. Und weil auf der Erde niemand mehr war, wollt's in Himmel gehn, und der Mond guckt es so freundlich an; und wie es endlich zum Mond kam, war's ein Stück faul Holz. Und da is es zur Sonn gangen, und wie's zur Sonn kam, war's ein verwelkt Sonneblum. Und wie's zu den Sternen kam, waren's kleine goldne Mücken, die waren angesteckt, wie der Neuntöter sie auf die Schlehe steckt. Und wie's wieder auf die Erde wollt, war die Erde ein umgestürzter Hafen und es war ganz allein. Und da hat sich's hingesetzt und geweint und da sitzt es noch und is ganz allein.«

Mein Vater war das Kind. Und ich war seine Tochter, und ich war auch das Kind. So hat er dieses Gefühl der Verlorenheit in mich eingepflanzt, wie ich erst später verstand, na, was man so verstehen nennt. Ich begriff, dass er mit dem Büchner'schen Märchen all seinen Lebensbrüchen, Verzweiflungen, Irrwegen, Auswegen und Ängsten Worte geben konnte, in die sich noch die Lebensfäden meiner Mutter, ihrer beider jüdische Herkunft, die politischen Verhältnisse, ihre Ideologien und verlorenen Illusionen hineinverwebten, die beide mit ihrer Tochter nicht teilen konnten, aber doch weitergeben mussten. Ich glaube heute, dass ich wegen dieser Unheimlichkeiten in meiner Kindheit viel tanzte und zur Ballettschule ging und Tänzerin werden wollte, denn als Tänzerin kann man seinen Körper im Raum herumwerfen, ohne für verrückt erklärt zu werden. Aber leider riet mir Gret Palucca, in deren Schule in Dresden ich Aufnahme suchte, von diesem Weg ab, weil ich keine der nötigen körperlichen Voraussetzungen besäße und mich dann mit einer unbefriedigenden drittklassigen Karriere begnügen müsste, weiter würde ich es mit dem Körper, in den ich nun einmal hineingeboren sei, nicht schaffen. Ich habe mich mit diesem Urteil nur schwer abfinden können.

Erst ziemlich spät, als ich das Land, in dem ich aufgewachsen war, in mehrfacher Hinsicht verlassen, die Sprache gewechselt, meine Eltern verloren und begriffen hatte, dass ich diesen mir überlieferten, ja, in mich eingepflanzten Gefühlen von Trauer, Angst und Unbehaustheit Gestalt geben will, ohne für verrückt erklärt zu werden, um sie vielleicht zu bannen und zugleich von ihnen Zeugnis abzulegen, und nachdem meine Tanzkarriere und meine Theaterkarriere gescheitert waren, wagte ich endlich, mich ans Werk zu machen, ziemlich spät in meinem Leben, zunächst durch das Bild zum Wort hindurch, um zu erzählen, was zu erzählen war. Und es kann doch kein

Zufall sein, dass ich diese »Confessio« nun in Darmstadt ablege, so nahe an den Gräbern meiner Voreltern, »die mit den Römern hierhergekommen sind«. Der Prophet Sacharia sagt: »Sie sollen mit ihren Kindern leben und wiederkommen.«

Da bin ich also.

Höhen und Tiefen

Zum Spycher: Literaturpreis Leuk 2005

Im bewegten Leben eines Schriftstellers, zwischen den Höhen seiner Kreativität und den Tiefen seiner Schaffenskrisen, gehört die Entgegennahme eines Literaturpreises eindeutig zu den Höhepunkten. Diese Tatsache will ich zum Anlass nehmen, meinen Weg bis nach Leuk auch als einen Weg geografischer Erhöhung aus der Norddeutschen Tiefebene bis hierher an den Fuß des Matterhorns zu betrachten.

Berlin, die Stadt, in der ich geboren wurde, in der ich aufwuchs und die ich vor langer Zeit verließ, ist weit und breit nur von Preußen, das heißt der Mark Brandenburg und der Norddeutschen Tiefebene umgeben. Irgendwo zur Ostsee hin liegen ein paar Hügelchen, die werden gleich die Mecklenburgische Schweiz genannt; näher an Berlin gibt es die Seelower Höhen, die auch nicht mehr als fünfzig Meter über den Meeresspiegel aufragen, aber traurige Berühmtheit durch die letzte Schlacht der Roten Armee um den Zugang nach Berlin erlangt haben, bei der noch einmal, zehn Tage vor dem Ende des Kriegs, mehr als hunderttausend Soldaten starben.

Meine Eltern hatten dort ganz in der Nähe, am Rande des Scharmützelsees, in Bad Saarow, ein Haus gepachtet, in dem wir die Wochenenden verbrachten. Bad Saarow war nach dem Kriegsende zum großen Teil von der sowjetischen Militärbehörde requiriert und gesperrt worden, und da, wo keine sowjetischen Militäreinrichtungen untergebracht waren, zog in die Villen der ehemaligen Größen der Nazikulturwelt die neue antifaschistische Intelligenzija von Johannes R. Becher bis zu meinen Eltern ein. Zwischen den beiden Garnisonsorten Karlshorst, wo wir während der Woche wohnten, und Bad Saarow bewegten wir uns sozusagen im Epizentrum der sowjetischen Besatzungszone. Meine Eltern hatten sich, nachdem sie aus dem englischen Exil zurückgekehrt waren, für diesen Teil Deutschlands entschieden und klärten mich während unserer Spaziergänge Schritt für Schritt, wenn ich so sagen darf, über die Vorgeschichte der sowjetischen Besatzung auf, über Hitler, über den Krieg, über die Judenverfolgung, in angemessener Dosis, dem Alter des Kindes, das ich war, entsprechend. Aber gerade dort, bei den Seelower Höhen, wollten oder konnten sie es mir offensichtlich nicht ersparen, jedes Mal darauf hinzuweisen, dass wir hier buchstäblich über Leichen liefen, »das musst du dir vorstellen«. Und manchmal sagte mein Vater auch, mit einem gewissen Stolz in der Stimme, weißt du, ich gehöre zu den ganz wenigen Deutschen meiner Generation, die in ihrem ganzen Leben niemals eine Uniform angehabt haben. Bis heute habe ich nicht herausfinden können, wo der Witz in der Bemerkung versteckt war, oder ob er sich etwa ernsthaft als jemand sah, der freiwillig eine Feldmarschallskarriere oder so etwas in der Wehrmacht ausgeschlagen hatte. Wenn der Gärtner, bei dem wir unser Obst und Gemüse kauften, von seinem Soldatenleben erzählte und noch einmal so richtig über die Juden herzog, sagte mein Vater gar nichts. Später hat der Gärtner seine Frau totgefahren, sie stand in der Garage hinter dem Auto, und er hat sie nicht gesehen, er hatte aus Versehen den Rückwärtsgang eingelegt und sie zerquetscht. So haben sie es in Saarow erzählt. Dann kam er ins Gefängnis.

Ansonsten hatten meine Eltern für die Norddeutsche Tiefebene, Preußen, die Mark Brandenburg und Berlin nicht sehr viel übrig und kultivierten diese Abneigung geradezu, was ich ungerecht fand, denn ich war dort aufgewachsen, es war meine natürliche Umgebung, und ich konnte mir gar nichts anderes vorstellen, wenn meine Eltern auch noch so viel von anderen Ländern und Gegenden erzählten. Die Sympathie für Berlin und das Berlinerische habe ich wenigstens auf meine Kinder übertragen können, die dieses Heimatgefühl nun fern der Heimat kultivieren. Als unser großer Sohn noch klein war und wir ihn nun, unsererseits in angemessener Dosis, seinem Alter entsprechend, über die Geschichte aufklärten, über Hitler, über den Krieg, über die Judenverfolgung, da verteidigte er seine Heimatstadt: »Aber ich glaube, Berlin hat da nicht mitgemacht!«

Eines Tages aber hatte sich Berlin aufgebraucht, die DDR schon lange und noch einiges mehr, und wir zogen nach Straßburg, weit nach Westen, und hatten dort gleich mehrere Kulturschocks zu verkraften. Der Westen war schon äußerlich sauberer, gepflegter, reicher und von allem, was man benötigte und nicht benötigte, gab es gleich Dutzende Sorten und Hunderte von Arten zu kaufen, auch von den allersimpelsten Dingen des Lebens, sogar von Scheuerlappen und Abwaschbürsten, und oft fragten wir uns, wozu braucht man das alles. Alle diese Dinge bis hin zur allgemeinen Infrastruktur und Landschaft, Nahverkehr, Fernverkehr, Telefon, Rhein und Vogesen waren eigentlich nur Varianten der Grundausstattung eines jeden Landes. Nur eben besser entwickelt, schöner, zuverlässiger, schneller, berühmter, als wir es bis dahin kannten.

Nur zwei wirklich sensationell neue Erfahrungen, zwei unerhörte und vorher nie gesehene Dinge sind uns begegnet.

Und von der ersten Sensation habe ich zunächst auch nur meinen Mann erzählen hören, der das Unglaubliche gesehen hatte. Wo? Natürlich in Amerika, in New York, dahin war er nämlich kurz nach unserer Ausreise von der jüdischen Organisation Agudat Israel, die sich sehr um die Auswanderung der Juden aus der Sowjetunion bemühte, zu ihrem 62. Annual Dinner eingeladen und eingeflogen worden. Weil in diesem Jahr 1984, unter Breschnew, die Ausreisebewilligungen in der Sowjetunion gegen null gesunken waren, trat Peter stellvertretend für die russischen Juden auf, wurde als *a special guest with a fascinating story* präsentiert, und es wurde ihm zu seinem *coming out from behind the iron curtain* gratuliert. Um die zahlreichen Gäste des Dinners zu noch mehr Aktionen, Spenden und Stiftungen zu animieren, sollte er eine kleine Rede halten, die er natürlich vorher schon konzipiert hatte, aber noch mit dem *chairman* der Aguda durchsprechen wollte. Und bei dieser Gelegenheit sah er, was er in seinem ganzen Leben vorher noch nie gesehen hatte, einen Computer, der auf des *chairman's* Schreibtisch stand und auf dessen Tastatur sie direkt in den Text auf dem Bildschirm hineinkorrigierten, strichen, veränderten, ein Ding also, das wir heute PC nennen und banal finden. Bis dahin hatte Peter nur zimmergroße Rechner und Schränke voll Lochkarten im VEB Robotron in Dresden gesehen. Den kleinen Computer auf dem Schreibtisch des *chairman's* fand er noch sensationeller als alle Wolkenkratzer New Yorks zusammen.

Das Erlebnis der zweiten Sensation hatten wir ebenfalls unserer Rolle als arme Ostjuden zu verdanken. Der leider inzwischen verstorbene Reinhard Baumgart bot uns damals an, unsere ersten »Westferien« im Haus seiner Familie in Celerina zu verbringen, das zu dieser Zeit leer stand. Das Angebot nahmen wir begeistert an, und so entdeckten wir die Alpen, die wir noch nie vorher gesehen hatten, weder aus der Nähe noch von weitem. Denn Alpen, Hochgebirge, Gletscher, ewiger Schnee gehörten nicht zur Grundausstattung der DDR und auch keines anderen europäischen Ostblocklandes. Das höchste Gebirge des ehemaligen Ostblocks sind die Karpaten, deren höchster Gipfel gerade mal 2600 Meter erreicht.

Wir fuhren über den Julierpass, an diese Überquerung erinnern sich meine Söhne noch heute und lachen mich heute noch aus, weil ich bei jeder Haarnadelkurve schrie, vor Angst, Aufregung und Euphorie, so hoch hinaus gekommen zu sein. Dann spazierten und wanderten wir drei Wochen, fuhren mit Sesselliften oder Zahnradbahnen immer noch höher hinauf, besichtigten Städtchen und schlichen um die Hotels von St.Moritz herum, immer in dicken Anoraks und mit dicken Sonnenbrillen. Auch so ein Klima, Sommer und Winter zugleich, hatten wir noch nie am eigenen Leibe gespürt. Und später überquerten wir noch einen weiteren Pass in die cisalpinische Provinz, der ich bis dahin nur im Lateinunterricht begegnet war. Hinter dem Malojapass, von dem ein Fluss ins Mittelmeer fließt und wo ein Wind aus dem Süden herauf weht, was eine meteorologische Abartigkeit und irgendwie unerklärlich, also eine Art Wunder ist, wie wir in verschiedenen Schriften lasen, da war es schon fast Italien. Ein Süden jedenfalls, den der Osten so auch nicht zu bieten hatte, wie das Bergell, Soglio, Stampa, Rilke, Giacometti. In Soglio habe ich mir eine Postkarte mit einem Blick über den Ort gekauft, was ich sonst selten tue, und diese Karte wanderte nach unserer Rückkehr auf meinem Schreibtisch von einer Seite zur anderen, verbrachte einige Jahre an der Wand, einige in der Schublade, weitere auf einem Stapel anderer Postkarten und landete dann in einer Mappe, in der ich Skizzen, Entwürfe, Fotos für Bilder sammelte, bevor ich schließlich, fast zwanzig Jahre später, nach ihrer Vorlage eines meiner wenigen Landschaftsbilder malte.

Nein, Hochgebirge, Gletscher, ewigen Schnee hatte der Osten, aus dem ich kam, nicht zu bieten, denn er besteht ja nur aus einer riesigen Tiefebene, die sich »von der Hasenheide hinter Berlin bis zum Ural« hinzieht, wie es Alexander von Humboldt beschrieben hat, und die nur allzu gut zu einem riesigen Schlachtfeld taugte, von dem die Seelower Höhen eine traurige Parzelle sind. Langsam wächst Gras darüber, unverschämt grün.

Ein italienischer Literaturpreis für ein deutsches Buch

Zum Toblacher Prosapreis »Palazzo al Bosco« 2001

Der Preis *Palazzo al Bosco* hat seinen Ursprung in Florenz und wird nun an einem unvorstellbar schönen Ort in Südtirol verliehen, in Toblach, italienisch Dobbiaco, wodurch er sich darüber hinaus noch im Schatten des Werkes von Gustav Mahler, der hier seine letzten Kompositionen entwarf, sonnen kann.

Die Wahl dieses Ortes hat nichts Zufälliges, sondern weist auf den Begriff hin, den die italienisch-deutsche Jury in den Mittelpunkt ihrer Betrachtung und Auswahl gestellt hat, den der Grenze. Ein Begriff, der sowohl in seiner abstrakten als auch in seiner konkreten Bedeutung gleichermaßen reich an Sinn, aber auch emotionsgeladen ist. Denn seitdem die Welt kein Garten mehr ist, sind wir von äußeren und inneren Grenzen beschützt, bedrängt, zerrissen und verwirrt.

Südtirol ist Grenzregion, und die Grenze ist über die Jahrhunderte auf verschiedene Weise gezogen worden. Wie in jeder anderen Region der Welt zeichnet die Grenze Geschichte nach. Geografie ist Geschichte, und »seit 1830 ist Geschichte nicht mehr Geschichte, sondern Politik«, erinnert sich Marc Bloch an den Satz seines Lehrers, der ihm Leitmotiv seines Werkes als Historiker und seines Lebens blieb.* Aus einer jüdischen Familie des Elsass stammend, optierten seine Eltern nach der Annexion Elsass-Lothringens als Folge des Deutsch-Französischen

* In: Marc Bloch, Apologie pour l'histoire, Paris 1993

Kriegs 1870/71 ebenso wie ca. fünfzigtausend andere Elsässer und Lothringer für Frankreich und zogen nach Paris, also auf die andere Seite der neu gezogenen Linie, die nun Frankreich von Deutschland abgrenzte. Nachdem 1940 zunächst der nördliche Teil Frankreichs von den Deutschen besetzt wurde, zog sich Marc Bloch wie die meisten französischen Juden in die unbesetzte freie Zone zurück, schloss sich nach der Besetzung der südlichen Zone zwei Jahre später mit 56 Jahren der Resistance an, wurde gefasst, gefoltert und 1944 hingerichtet. Die geisteswissenschaftliche Fakultät der Straßburger Universität trägt heute seinen Namen, auch wenn es lange gedauert hat, bis sie sich dazu durchringen konnte.

Dass Geschichte Politik ist, trifft auf Südtirol natürlich ganz besonders zu – man denkt sofort an Andreas Hofer und den tapferen Tiroler Landsturm gegen die napoleonische Besetzung. Wobei ich mir allerdings den Gedanken an eine Bemerkung nicht verkneifen kann, die ich einmal in Moskau aus dem Munde eines sehr dissidenten Menschen hörte: »Die Geschichte Russlands wäre wahrscheinlich weniger unglücklich verlaufen, wenn es von Napoleon besiegt worden wäre.«

Heute gibt Südtirol ein Beispiel für einen seltenen, gelungenen Ausgleich in einer umstrittenen Region, in der schließlich vor gar nicht so langer Zeit auch einmal Bomben hochgingen, und erinnert uns zugleich daran, wie lange es dauern kann und wie viel guten Willen und Festigkeit es von allen Seiten bedarf, um zu einem solchen Ausgleich zu kommen, wie wir ihn für andere umstrittene Regionen in Europa, im Nahen Osten und in anderen Gegenden der Welt mit Ungeduld erwarten.

Angesichts der entgeisterten und entrüsteten Haltung vieler Westeuropäer in Bezug auf den israelisch-palästinensischen

Konflikt kommt es mir immer so vor, als hätten sie die Tatsache völlig aus dem Blick verloren, wie viele Jahrhunderte auch die westeuropäischen Länder sich in Territorial- und Religionskriegen aneinander totgekämpft und gehasst haben, bevor sie, aus Erschöpfung, nach der größtmöglichen Katastrophe am Tiefpunkt ihrer Hochkultur angelangt, endlich eine friedliche Form des Nebeneinanderher-Lebens fanden, die sie Europäische Union nennen. Die jedoch noch immer, da machen wir uns gar nichts vor, von gegenseitigen Klischees, Unkenntnis und Missverständnissen geprägt ist.

Umso schöner und eben auch ungewöhnlicher ist es, einen deutsch-italienischen Literaturpreis, den Toblacher Prosapreis *Palazzo al Bosco* entgegennehmen zu dürfen.

Der zerrissene Brief

Zum Solothurner Literaturpreis 2004

Einmal kam ich in irgendeiner Stadt, wie schon oft, an einem späten Nachmittag im Hotel an. Es hieß »Zur Krone« oder »Zum Kurfürsten« oder es war irgendein »Hof«. Ich sollte eine Nacht bleiben, so wie wahrscheinlich viele andere Gäste, die man dann am nächsten Morgen beim Frühstück sieht, aber mit denen man nicht spricht.

Ich fing an, mich wie alle Reisenden in dem Hotel für eine kurze Dauer einzurichten, verteilte Zahnbürste, Cremes und Tuben im Badezimmer, und danach stellte ich im Zimmer die Unordnung her, die ich brauche, um mich nicht allzu verloren an dem fremden Ort zu fühlen. Ich tat wie jeder Gast vor mir und jeder nach mir, der versucht, dem genormten Zimmer für einen kurzen Moment seine Persönlichkeit aufzuzwingen, sei es durch Ordnung, sei es durch Unordnung. Aber natürlich verrät der Raum, den man betritt, nie etwas von der Persönlichkeit und der Eigenart dessen, der da vor einem gewohnt hat, und man möchte davon auch gar nichts wissen, man denkt ja überhaupt nicht daran, dass da schon vorher einer gesessen, geschlafen, geduscht, sich gelangweilt oder sich aufgeregt hat.

Natürlich war das Zimmer in der »Krone«, im »Kurfürsten« oder in dem was auch immer für einem »Hof« sauber und aufgeräumt, geradezu *nickel*, wie die Franzosen sagen. Bis mein Blick in die Tiefe des Papierkorbs sozusagen fiel. Da lagen Papierschnipsel. Die Reinemachfrau musste sie übersehen oder vergessen haben, den Papierkorb auszuleeren. Die Schnipsel waren beschrieben. Es waren keine ganz kleinen Schnipsel, sondern nur drei-, viermal durchgerissene Seiten, mit schwarzem Kugelschreiber beschrieben. Ich holte die Fetzen aus dem Papierkorb, ich setzte die Seiten zusammen, das war nach der Form der Ränder kein besonders schwieriges Puzzle. Ich setzte einen Brief zusammen. Ich las ihn. Natürlich las ich ihn. Es war ein Brief der Entscheidung von der Art, wie wir ihn alle schon einmal erhalten und alle schon einmal geschrieben oder wenigstens im Kopf entworfen und formuliert haben. Wie mein Vater immer sagte, »wenn man alle meine Briefe veröffentlichen würde, inklusive der Leserbriefe an die verschiedenen Zeitungen, die ich in der Badewanne schon geschrieben habe, hätte ich ein sehr umfangreiches Werk vorzuweisen«.

Ich saß da also und las den Brief der Entscheidung eines mir ganz unbekannten Menschen. Ich hatte ein Zeugnis vor mir liegen, ein Dokument, einfach zu lesen und zu verstehen, aber ich konnte es doch nicht deuten. Was war das Schicksal dieses Briefes? Hat ihn der, der ihn erhielt, vor Wut oder Enttäuschung zerrissen und in den Papierkorb geworfen oder der, der ihn schrieb? Hat der, der ihn schrieb, den Brief vielleicht zerrissen, weil er, die Worte einmal ausgesprochen, seine Meinung geändert hat, die Entscheidung verworfen und der Brief somit hinfällig geworden war? Oder war es nur ein Entwurf, ein Einüben in die Worte der schweren Entscheidung, eine Generalprobe, eine vorläufige Fassung. War dann die endgültige Fassung strenger oder milder ausgefallen? Wurde dieser Brief denn je abgeschickt? Oder hat der Schreiber, einmal in den Worten abreagiert, den Brief zerrissen, die Entscheidung vorläufig oder für immer ad acta gelegt und ist dann in die Stadt ein Bier oder ein Glas Wein trinken gegangen?

Es wird mich niemand fragen, ob die Geschichte wahr oder erfunden ist, ob ich sie tatsächlich selbst so erlebt habe oder ob sie mir von einer Freundin erzählt oder von einem Fremden zugetragen worden ist. Ich muss auch nicht erklären, ob das nur eine Anekdote oder schon ein Gleichnis ist.

Aber Sie haben natürlich verstanden, dass es mit den Geschichten, denen aus dem Leben und denen der Literatur, immer genauso geht wie mit den Erinnerungen, aus denen sie oft gemacht sind, sie erscheinen dort, wo man sie nicht vermutet, in Momenten, in denen man sie nicht erwartet. Sie sind unzuverlässig, ihre Wahrheit fragwürdig und brüchig, ihre Bedeutung äußerst unsicher. Dort, wo man sie sucht, haben sie sich längst verflüchtigt, wenn man sie anruft, bleiben sie stumm, aber dann drängen sie sich plötzlich auf, wenn man scheinbar ganz anderen Dingen zugewendet ist. Genau wie die zusammengesetzten Schnipsel des zerrissenen Briefes auf dem Grunde des Papierkorbs sind alle diese Geschichten evident und behalten doch ihr Geheimnis für sich. Deshalb wollen wir sie ja immer wieder lesen.

Das andere 1968

1968, das Jahr des Schreckens für den, der im Osten lebte. Ich lebte im Osten. Ich war neunzehn.

Es war nicht Mai 68 wie im Westen – Beginn und Aufbruch –, es war der 21. August 68, Beginn des letzten Kapitels jener »jahrelang anhaltenden Bartholomäusnacht ohne Ende«, das Ende der großen Illusionen von einer kommunistischen oder sozialistischen Gesellschaft, denen so viele erlagen und deren letzte der Prager Frühling war.

Er begann schon 1963 mit der Kafka-Konferenz in Prag. Ich war vierzehn und hatte noch nicht Kafka gelesen, aber verstanden, dass es eine Literatur gab, derentwegen ganze Konferenzen abgehalten werden mussten, weil es offensichtlich einen Widerspruch gab zwischen der Bedeutung dieses Werkes und dem verordneten sozialistischen Realismus und seinem immer positiven sozialistischen Menschenbild, das in diesem Werk nicht vorkam. Es begann also mit Kafka und endete mit dem Einmarsch der Ostblock-Armeen in Prag, »um den gesunden Kräften in der Tschechoslowakei militärische Hilfe zu leisten«. So stand es im »Neuen Deutschland«. Kafka war nämlich ungesund, nicht weil er Tbc hatte und daran so früh gestorben ist, sondern wie so vieles, das in diesen Sechzigerjahren auf dem Feld der Kultur wuchs, als »ungesund« und »unsauber« galt. Weshalb jetzt endlich Säuberungen stattfinden mussten, wie das 11. Plenum des ZK der SED, ein Kultur-Plenum, auch »Kahlschlag-Plenum« genannt, da wurde die Kultur von ungesunden Büchern, Filmen, Theaterstücken und Musik »gesäubert«, das heißt verboten.

Inzwischen war ich Studentin der Theaterwissenschaft an der Humboldt-Universität. Unsere Studentenrevolte fand als Verweigerung statt. Verweigerung dauernd geforderter Loyalitätserklärungen und Unterschriften unter schwachsinnige staatliche und parteiliche Verlautbarungen. Es bedeutete für uns, sich all dem zu entziehen und stattdessen in den Theaterkantinen und im »Espresso« unter den Linden stundenlang und tagelang herumzusitzen und zu diskutieren, Bücher zu tauschen und im »Haus der Tschechoslowakischen Kultur« die Filme von Jiri Menzel, Milos Forman und im »Haus der Polnischen Kultur« die von Polanski anzusehen, »Ein launischer Sommer«, »Der schwarze Peter«, »Liebe einer Blondine«, »Messer im Wasser«, und uns in beiden Häusern in den Verteiler einzuschreiben, um weiter Einladungen zu den Vorführungen solch »ungesunder« Filme zu erhalten. Bei Biermann vorbeizugehen, seine Lieder auf Kassetten zu kopieren und weiterzugeben, mit dem »tout Berlin« (Müller, Braun, Biermann) in Wolfgang Heises Philosophie-Vorlesungen zu sitzen, bevor er als Dekan der philosophischen Fakultät abgesetzt wurde. Wir feierten alles, was der DDR-Führung als nihilistisch, zersetzend, dekadent, unsauber und ungesund galt, von Freud, Kafka, Beckett zu Polanski, Forman und Fellini, und schöpften daraus Inspiration, Hoffnung und Elan, um unsere Leben ohne Lügen, ohne Unterwerfung und Anbiederung zu leben und vielleicht selbst später Werke zu schaffen. Und wenn wir nicht gerade in Depressionen versanken, fanden wir diese ganze DDR so lächerlich und dumm, aber natürlich auch bösartig und gefährlich.

Mit einer Freundesgruppe fuhren wir in diesem Sommer 68, wie fast jedes Jahr, nach Ungarn, um in Budapest die neuen westlichen Filme zu sehen, Pasolini, Fellini, Buñuel, und in den Antiquariaten Westbücher zu kaufen, die wir dann im Schlafsack über die Grenze schmuggeln mussten – da passierte es, mitten im August – der Einmarsch in die Tschechoslowakei. Wir hörten es auf allen Sendern im Radio, wir konnten es nicht fassen, und außerdem konnten wir auch nicht mehr auf direktem Weg nach Berlin zurück – es fuhren keine Züge durch die Tschechoslowakei, sie fuhren jetzt außen herum bis ans östliche Ende Ungarns in die Sowjetunion hinein, fast bis Lemberg in die Ukraine, und dann drehten sie ab und wieder westlich durch ganz Polen zurück nach Berlin. Und auf den Straßen neben den Gleisen fuhren Panzer, eine endlose Kette von Panzern.

Wir waren wild vor Entsetzen und Schmerz, es war nicht nur der Tiefstpunkt erreicht, da waren alle »roten Linien« überschritten. Heute glaube ich, dass dieser Tag tatsächlich schon der Anfang des Zusammenbruchs des Systems zwanzig Jahre später war. Unter den Freunden herrschte Verzweiflung, aber auch der Wille, es nicht hinzunehmen und nicht tatenlos zu bleiben, und so klein unsere Aktion gewesen sein mag, so nötig war sie für uns. Mein Freund Trolle und ich tippten auf der Schreibmaschine und schnitten Blätter zurecht, auf denen wir die letzte Strophe von Brechts »Lied von der Moldau« vervielfältigten: »Das Große bleibt groß nicht / und klein nicht das Kleine / die Nacht hat zwölf Stunden / dann kommt schon der Tag«, und klebten die Zettel am sowjetischen Ehrenmal in Treptow an die Stelen des Heldenparks, und unsere tapfere Freundin Sabine legte sie in der Staatsbibliothek in den Katalogräumen zwischen den Karteikarten aus. Niemand hat uns »erwischt«, und nicht einmal in unseren Stasi-Akten, die wir später einsahen, war unsere Heldentat verzeichnet, aber da stand sowieso immer nur, wer mit wem. Für sexuelle Freiheit mussten wir aber nicht auf Barrikaden gehen, die nahmen wir uns einfach so.

Als im September das Semester begann, wurden wir zwölf Studenten unseres Studienjahres aufgefordert, eine Resolution zu verfassen, in der wir unsere Unterstützung der »Maßnahmen«, also der Einmarsch der Truppen des Warschauer Paktes in die CSSR, auszudrücken hatten, und als sich niemand von den Kommilitonen für die Abfassung einer solchen Erklärung fand und auch niemand, der seine Unterschrift unter einen vorformulierten Text zu setzen bereit war, passierte etwas, das wir wirklich nicht erwartet hatten, es passierte nämlich – gar nichts. Keinerlei repressive Erziehungsmaßnahmen wurden eingeleitet. Offensichtlich befürchtete die Universitätsleitung eine zusätzliche Konfrontation nach der Art der Studentenrevolte im Westen. Dabei hatten wir nur einen winzigen Freiraum besetzt.

Fortan galten wir zwölf Studenten der Theaterwissenschaft als jeder Propaganda unzugänglich.

Das Problem mit der Kopfbedeckung

Das Judentum in Frankreich ist, wenn nicht ganz assimiliert, religiös eher orthodox und kulturell eher konservativ. Jedenfalls gibt es hier nicht, oder noch nicht, die großen unterschiedlichen Strömungen wie in den USA, wo sich jeder Jude, oder wenigstens viele von ihnen, der einen oder anderen Strömung zugehörig fühlt. Die neueste davon, aber die gibt es nun auch schon seit vielen Jahren, ist die, die sich »modern orthodox« nennt.

Dieser Orientierung, wenn sie existierte, würden sich viele unserer Freunde, die meistens auch Mitglieder der Straßburger konsistorialen Communauté Israélite, liebevoll »la com« genannt, sind, auch zugehörig fühlen, denn sie leben auf eine informelle Weise modern orthodox, auch wenn das keiner sozusagen offiziellen Qualifizierung entspricht. Man erkennt diese Gruppe ziemlich deutlich an einigen äußeren Zeichen und besonders deutlich an ihren Frauen. Meine Freundinnen und ich selbst rechnen uns im Großen und Ganzen dazu. Die modern orthodoxe Frau ist nämlich, um es mit einem Schlagwort zu sagen, emanzipierter als die klassisch orthodoxe, was zuallererst an der Zahl ihrer Kinder ablesbar ist; die modern orthodoxe Frau ist die Mutter von sehr viel weniger Kindern. Meist hat sie einen Hochschulabschluss und einen Beruf, in dem sie engagiert und mit Ambition arbeitet, sie stellt Ansprüche an jüdische Bildung und jüdisches Lernen; statt in der Synagoge trifft man sie eher in einem Schiur oder Wochenendseminar zu den verschiedensten jüdischen Themen, es kann sogar ein Gemara, also ein Talmud-Schiur sein. Im Gegensatz zu ihrem Mann hält sie nur die beiden großen Fasttage und nicht die vier kleinen, und manchmal isst sie auch in einem nichtkoscheren Restaurant oder bei nichtjüdischen Freunden vegetarisch, nachdem sie sich gründlich nach den Ingredienzien der Mahlzeit erkundigt hat, vegane Restaurants machen ihr inzwischen das Leben leichter. Sie reist auch mehr in der Welt herum.

Bleibt das Problem mit der Kopfbedeckung. Es gibt eine Menge talmudische, nachtalmudische und moderne rabbinische Diskussionen zu dem Thema, die das Problem um- und umwenden und doch nicht, und zwar unter keinen Umständen, davon absehen können, dass sich die verheiratete jüdische Frau die Haare zu bedecken hat, und sei es nur mit einer *kalta*, wie der Terminus technicus der Rabbiner lautet, also einer Art Kappe, aus der durchaus Pony und lange Haare heraussehen können.

Meine Freundinnen und ich selbst auch, die wir verheiratet sind und uns dem religiösen Judentum nahe fühlen, also mit unseren Familien im jüdischen Jahresrhythmus leben, irgendwie Schomer Mitzwot sind, das heißt, uns ohne übertriebenen Eifer darum bemühen, die Gebote und Verbote zu beachten, müssen uns diesem Problem der äußerlich so sichtbaren Observanz stellen, denn wenn es sonst ein breites Spektrum von Umgehungsstrategien und Kompromissen gibt, läuft hier alles auf nur zwei Optionen hinaus, nämlich Haare bedecken oder Haare nicht bedecken. Manche haben sich für eine unauffällige Perücke entschieden oder für eine Art Zwischenlösung, einige junge Frauen aus diesem Milieu binden nach Indianer- oder sonstwie exotischer Art ein Tuch um ihr meist langes und lockiges Haar. Die das nicht tun, haben nun immer noch zwei Optionen, ihre Haare nicht zu bedecken, zwischen denen sie sich entscheiden müssen. Im täglichen Leben bedecken wir sie also definitiv nicht. Wie verhalten wir uns aber, wenn wir an einem Feiertag oder Schabbes in die Synagoge oder zu einem Schiur gehen oder bei einer »richtig« orthodoxen Familie eingeladen sind? Einige von uns, zum Beispiel ich, setzen bei dieser Gelegenheit eine Baskenmütze oder einen Hut auf oder schlingen sich ein Tuch um den Kopf und wollen das als eine Geste des Respekts vor dem Ort, der Lehre und dem Gastgeber verstanden wissen. Andere aber machen es aus den gleichen Gründen umgekehrt. Eben weil sie sich im täglichen Leben die Haare nicht bedecken, so argumentieren sie, wollen sie auch im Talmudkurs oder bei den orthodoxen Gastgebern nicht den Eindruck erwecken, sie würden es doch tun. Sie kämen sich dabei heuchlerisch vor, sagen sie, religiöser zu erscheinen, als sie es in Wirklichkeit sind. Für sie wiegt die Aufrichtigkeit schwerer als der Respekt. Jede ihrer Gruppe begründet ihre Entscheidung auf Grund ebenso vieler Argumente, die dem Pilpul, der talmudischen Diskussion, würdig wären.

In jedem Falle haben meine Freundinnen und ich das Problem mit der Kopfbedeckung nicht wirklich lösen können, unsere Verhaltensweisen sind nicht kohärent, wie so vieles andere in unserer religiösen Praxis und unserer Einstellung dazu. Wir fühlen uns ja auch keinem geschlossenen System, etwa der klassischen Orthodoxie, zugehörig und werden von deren Anhängern sowieso misstrauisch beäugt. Wir bleiben ständige Grenzgängerinnen, und zwar mitten in unserem alltäglichen Leben, zwischen der nichtjüdischen und der jüdischen Welt. Wir stellen uns selbst und unsere Prinzipien dauernd in Frage und fühlen uns fragmentiert. Das muss es wohl sein, worin wir so modern sind. Oder sollte man gar sagen, postmodern.

Paralipomena zu den Bremer Stadtmusikanten

Zum Bremer Literaturpreis 2020

Sie werden es wahrscheinlich nicht mehr hören können – jeder, der hier in Bremen auf die Bühne tritt, fängt wieder von den Bremer Stadtmusikanten zu sprechen an, weil sie es sind, die ihn, wenn er wie ich mit den Grimm'schen Märchen aufgewachsen ist, mit dem Namen dieser Stadt verbinden. Die Märchen, die wir in unserer Kindheit hörten, waren unsere erste Begegnung mit der Suche nach einem Sinn des Lebens, wenn ich diese platte Formulierung benutzen darf, da sie es ja doch ungefähr trifft. Sie vermittelten uns eine Ahnung, dass es zwischen all den Ängsten, Verwirrungen und komplizierten Verhältnissen auch und gerade des frühen kindlichen Lebens etwas gibt, etwas geben muss, das besänftigen, entwirren und ordnen kann, sei es von außen, sei es von innen. Niemals werde ich den Blick einer meiner Enkeltöchter vergessen, als sie mich, da war sie drei oder vier Jahre alt, bat, ihr ein Märchen zu erzählen, Rotkäppchen. Ich nahm das Grimm'sche Märchenbuch zur Hand, um daraus vorzulesen, aber da sagte sie, nein, nicht vorlesen, ich solle erzählen. Und so erzählte ich, wir saßen nebeneinander auf dem Bett, aber nun rückte sie sich so zurecht, dass sie mir ins Gesicht sehen konnte, und ich verstand zum ersten Mal den Ausdruck »jemandem an den Lippen hängen«. Und gleichzeitig ahnte ich, wie es einmal mit dem Märchenerzählen und dem Erzählen überhaupt zugegangen sein muss.

Wenig später hörte ich im Radio eine Sendung über die nie ganz geklärte Frage, wie eigentlich die Sprache entstanden ist, warum erst die Menschen die Sprache »erfunden« haben, die Tiere dagegen nicht. Eine der in Erwägung gezogenen Theorien ist, dass das Sprechen zugleich mit dem Kochen begann; da die Menschen nun schon einmal das Feuer erfunden hatten, kann man sich leicht vorstellen, dass ihnen da einmal ein Stück Fleisch hineinfiel und gebraten einfach besser schmeckte, und dann, so sagt diese Theorie, hätten sie halt beim Warten, bis das Fleisch gar war und sie weiter nichts zu tun hatten, angefangen zu sprechen. Und weil sie in dem eng zusammenlebenden Clan sowieso alles voneinander wussten und deswegen keinen Klatsch nötig hatten, fingen sie an, Dinge zu deuten, die sie sahen, erlebten und erlitten und die sie nicht verstanden. So haben sie sich Erklärungen zurechtgesponnen, umgaben die nackten Tatsachen mit Stoffen und Bändern, kleideten sie ein, wie sie sich selbst, im Gegensatz zu den Tieren, anfingen einzukleiden. Es wurde also um die Ereignisse und Phänomene des Lebens herum erdichtet, erkundet, erzählt, vielleicht wurde zunächst ja auch nur zusammengezählt, die Lebenden, die Toten, die Verschollenen, die Tiere, die Sterne. Fast in allen Sprachen hängt zählen und erzählen eng zusammen – *the tale* und *le conte*, und auch im Hebräischen bedeutet das Wort *dawar* zugleich das Wort und die Sache. Die beiden biblischen Bücher der Chronik, wie sie in der deutschen Übersetzung genannt werden, nach dem griechischen *chronos*, das auch Zeit und Dauer bedeutet, heißen *diwrei hajamim*, also die Worte oder die (Tat-) Sachen der Tage, und darin werden bekanntlich alle Ereignisse von der Erschaffung der Welt bis zur Rückkehr der Juden aus dem ersten Exil in gedrängter Form aufgezählt und nacherzählt. In der Septuaginta, der ersten griechischen Übersetzung der Bibel, heißen die beiden Bücher der Chronik Paralipomena, und gemeint sind die Hinzufügungen von Ereignissen. Das Wort »Ereignis« wiederum hieß ursprünglich *Er-Äugnis*, wie mir mein Weigand, in dem ich oft nachschlage, dem »Wörterbuch der deutschen Sprache« in der 5. Auflage von 1909, erklärt.

Friedrich Ludwig Karl Weigand übernahm nach dem Tod von Jakob Grimm 1863 die Redaktion des Grimm'schen »Deutschen Wörterbuchs«, und er war es, der noch im Auftrag Jakob Grimms im »Literarischen Zentralblatt für Deutschland« vom 15. Mai 1861 das »Wörterbuch der Deutschen Sprache. Mit Belegen von Luther bis auf die Gegenwart« des jüdischen Rivalen Daniel Sanders, das 1859 erschienen war, verriss. Der Verriss erschien Jakob Grimm jedoch zu zahm, und deshalb klärte er Weigand in einem Brief auf, »dass Sanders ein Jude ist, er hat ganz die jüdische Frechheit und Zudringlichkeit«, der erste Jude, »der sich mit unserer deutschen Sprache [befasst]«. Schon zwanzig Jahre vorher hatte ein mit den Grimms bekannter deutscher Dichter, ein Ausgewanderter, ein Jude, hatte Heinrich Heine geschrieben: »Und als ich die deutsche Sprache vernahm, / Da ward mir seltsam zumute; / Ich meinte nicht anders, als ob das Herz / Recht angenehm verblute.« Gott sei Dank hatte er im Gegensatz zu Daniel Sanders keine sprachwissenschaftlichen Studien verfasst und in seiner »Romantischen Schule« Jakob Grimms »Deutsche Grammatik« über alles gelobt, und vom jüngeren Bruder der Grimms kennen wir die schöne Radierung Heines von 1837. Merkwürdigerweise sind gerade jetzt zwei Artikel zum Thema »Das Judenbild der Brüder Grimm« erschienen, einmal von Gerhard Henschel im Oktober-Heft des »Merkur« 2019, gleichzeitig macht die Vierteljahresschrift des Salomon Steinheim-Instituts der Universität Duisburg-Essen auf den 200. Geburtstag von Daniel

Sanders und seine Kontroverse mit den Brüdern Grimm aufmerksam.

Sagen wir es so, die Brüder Grimm hassten die Juden nicht mehr als normal, und wir kennen ja das Bonmot, dass erst dieses »mehr als normal« den wahren Antisemitismus kennzeichnet.

In meiner Bibliothek befinden sich drei Ausgaben der Märchen der Brüder Grimm, alle drei aus der DDR. Die jüngste ist eine Ausgabe des Aufbau Verlags von 1980, die nun zum ersten Mal auch die Märchen enthält, in denen die Grimms, sicher dem allgemeinen Volksempfinden entsprechend, sehr negative, böse, lächerliche Judenfiguren zeichnen. Die beiden früheren Auswahlbände lassen die Märchen »Der Jude im Dorn« und »Der gute Handel« weg. Die Ausgabe, die aus meiner frühen Kindheit stammt, wurde von Professor Walther Pollatschek im Kinderbuchverlag Berlin (Ost) 1952 herausgegeben und von Professorin Lea Grundig illustriert. Diese Illustrationen haben sich mir stark eingeprägt, ich zeige sie noch heute gerne meinen Enkeln. Viel später erst las ich das Nachwort von Walther Pollatschek, in dem er in einem kindertümelnden Ton schreibt: »Trotz ihres Namens waren die Brüder nicht grimmig und nicht böse. Sie waren gute und freundliche Männer, sie liebten die Blumen und die Bücher und sie liebten die Menschen. Über alles aber liebten sie ihr deutsches Vaterland, die Freiheit und die Wahrheit.«

Dass die Brüder Grimm die Juden etwas weniger liebten als die Blumen und die Bücher und ihr deutsches Vaterland, sagt er natürlich nicht, obwohl er es gewusst hat, ebenso wie seine Illustratorin Lea Grundig. Beide gehörten zur selben Generation wie mein Vater, den ich in dem Buch »Georg« zu porträtieren versucht habe. Und eigentlich nicht nur ihn, sondern eben auch diese wenigen, meist jüdischen Menschen, die aus einem gutbürgerlichen Hause wie Lea Grundig oder ganz und gar bildungsbürgerlichem Hintergrund kommend – Walther Pollatschek promovierte ungefähr zur gleichen Zeit in Frankfurt über Hugo von Hofmannsthal wie mein Vater in Gießen über Büchner –, sich dann in der kommunistischen Bewegung engagierten und nach der Machtergreifung der Nazis das entsprechende Schicksal erlitten, Verhaftung, Flucht, Exil durch alle möglichen Länder. So wie mein Vater aus Großbritannien war Pollatschek nach dem Krieg, so schnell er nur konnte, aus der Schweiz zurückgekehrt und Lea Grundig aus Palästina, ihrem kommunistischen Engagement entsprechend in die sowjetische Besatzungszone. Lea Grundig nach Dresden, wo sie Professorin und Rektorin der Kunsthochschule wurde. Die meisten anderen Remigranten lebten in Berlin, und dort gehörten Pollatschek und noch einige andere, deren Namen mir geläufig wurden und noch sind, wie Budzislawski, Keisch, Kahane, Knepler, Stillmann, Hanns und Gerhard Eisler, zum Bekanntenkreis meiner Eltern, irgendwie Kollegen meines Vaters und eben Schicksalsgenossen. Sie bildeten einen Mikrokosmos der Kultur- und Pressemenschen der frühen DDR, nicht wirklich der politischen Nomenklatura zugehörig, dazu misstraute man ihnen viel zu sehr als Bürgersöhnen, obendrein meistens jüdisch, die zu viele Jahre in der westlichen Emigration verbracht hatten. Für mich als Kind waren sie so etwas wie Onkel und Tanten, die man besuchte oder die zu Besuch kamen; während die Erwachsenen über Politik diskutierten, spielten wir Kinder im Nebenzimmer und wuchsen in dieser familienähnlichen Umgebung zusammen wie Cousins. Denn sonst gab es keine Familie, die echten Verwandten, wenn sie denn noch lebten, schickten höchstens einmal, wenn überhaupt, Grüße aus Amerika, England, Israel oder der Schweiz, wenn es nicht aus Australien war.

Heute sind wir Kinder von damals so um die siebzig und haben immer noch nicht verstanden, was unsere Eltern und alle diese Leute nach Flucht, Verfolgung und Exil so dringend nach Deutschland zurückgerufen hat, ihre ehemaligen Mitbürger und Kollegen sind es ja nicht gewesen, also war es doch nur der Auftrag der Partei? Oder war es am Ende sogar die deutsche Sprache, die ihnen das Herz so angenehm verbluten ließ, so dass sie alle sozialistischen Lügenmärchen schluckten, die man ihnen auftischte und die sie selbst mit erfanden, redigierten, publizierten, inszenierten, komponierten und propagierten? Manès Sperber stellt seiner Romantrilogie »Wie eine Träne im Ozean« sein Gleichnis vom verbrannten Dornbusch voran, in dem die Sklaven der neuen Herren immer weiter das Loblied des brennenden Dornbuschs singen, obwohl sie genau wissen, dass er völlig ausgebrannt ist. »Sie sangen: uns wärmt des Dornbuschs ewiges Feuer.« So etwas muss es gewesen sein, was diese Menschen um Georg, meinen Vater, immer weiter in dem lügenhaften Bau verharren ließ.

Jetzt weiß ich nicht genau, wie ich wieder zu den Bremer Stadtmusikanten zurückfinde. Am besten mit der Beobachtung, dass sie schließlich nie Musikanten wurden und wohl noch immer in ihrer Räuberhöhle leben, wenn sie nicht gestorben sind. Denn in Bremen angekommen sind sie ja auch nie. Im Gegensatz zu mir, die hier die Ehre und Freude hat, den Bremer Literaturpreis entgegennehmen zu dürfen.

Erinnerung und Erzählung

In der DDR, in der ich geboren und aufgewachsen bin, war in den fünfziger, sechziger Jahren die Erinnerung an das, was man heute die Schoa nennt und was damals auch noch niemand Holocaust nannte, die Judenverfolgung und -ermordung, noch sehr nahe, aber die Erinnerung und das Wissen darum schienen bei den Deutschen und auch in den Kreisen meiner Eltern, Überlebenden und Rückkehrern aus dem Exil, meistens Juden, nur eine Geheimerinnerung und ein Geheimwissen zu sein, jedenfalls war es »kein Thema«. Zum Gründungsmythos der DDR wurde zwar der Antifaschismus erklärt, in den plötzlich das ganze Land einbezogen war, aber er galt nur dem kommunistischen Widerstand und der übertrieben dargestellten Selbstbefreiungsaktion der Häftlinge des KZs Buchenwald, weil dort hauptsächlich Kommunisten aus vielen Ländern inhaftiert waren. Auschwitz und die anderen Vernichtungslager wurden nur ganz marginal erwähnt, und Juden gab es im offiziellen Bild nur als Opfer und geschundene Wesen aus einer anderen Zeit, ja, aus einer anderen Welt. Die Deutschen hüteten sich, irgendwelchen Erinnerungen an die ehemaligen jüdischen Nachbarn nachzugeben, deren Wohnungseinrichtungen sie sich herübergeholt hatten und noch jetzt darin lebten, Tisch, Bett, Bilder und natürlich Wertgegenstände, wenn vorhanden.

Als endlich in den siebziger Jahren in der DDR ein kleines Büchlein über die Berliner Widerstandsgruppe um Herbert Baum erschien, deren Mitglieder alle 1943 hingerichtet worden waren und die, wie ich finde, ebensolche Beachtung verdient hätten wie die Münchner »Weiße Rose«, wurde in der kleinen Publikation auf keiner Seite und nicht mal in einer Anmerkung erwähnt, dass alle Mitglieder dieser Widerstandsgruppe junge Juden gewesen waren. 1981 wurde im Berliner Lustgarten ein Gedenkstein enthüllt mit der Aufschrift: »Unvergessen die mutigen Taten und die Standhaftigkeit der von dem Jungkommunisten Herbert Baum geleiteten antifaschistischen Widerstandsgruppe. – Für immer in Freundschaft mit der Sowjetunion verbunden.«

Die Kreise der jüdischen und nichtjüdischen Remigranten und KZ-Überlebenden in der DDR, denen meine Eltern angehörten, trugen diese Entstellungen der Geschichte mit; was sie in ihrem Herzen trugen, weiß ich nicht. Mit ihrer Entscheidung, in der DDR zu leben, hatten sie sich zur Anpassung an die machtpolitischen Tendenzen der herrschenden Ideologie entschieden. Davon waren auch die großen Namen nicht ausgenommen, wie Uwe Kolbe in seinem Buch über »Brecht«* an dessen letztlich affirmativer Haltung gegenüber der DDR darlegt. Auch Brecht hat die Judenverfolgung in seinem Werk eher mit Schweigen bedacht.

Die Erinnerung ist ein Konstrukt, die erst dem, der sie erfragt, zur Erzählung wird, und das braucht offensichtlich viel Zeit. Denn nicht nur in der DDR wurden die ersten Zeugnisse über die Lager und die systematische Vernichtung der Juden abgewiesen, eine Haltung, die man für die DDR noch mit ideologischen, machtpolitischen Gründen erklären kann. Aber wie soll man die Haltung eines hervorragenden jüdischen Histori-

* Uwe Kolbe, Brecht. Rollenmodell eines Dichters. Frankfurt a.M. 2016

kers wie Cecil Roth erklären, von dem Jeremy Adler berichtet, »er überhäufte [H.G.] Adlers Absicht im Jahre 1948, eine umfangreiche Monographie über Theresienstadt zu schreiben, mit Spott, weil es in der Geschichte der Juden doch nur eine winzige Episode darstelle«.* Bis H.G. Adlers großes Werk »Theresienstadt 1941–1945. Das Antlitz einer Zwangsgemeinschaft« erschien, dauerte es noch sieben Jahre. In Frankreich war es auch nicht besser, der Bericht Charlotte Delbos über ihre Auschwitzhaft konnte gar erst 1965 erscheinen, und auch da nur in der Reihe »Femmes«; der Verlag verkaufte davon in zehn Jahren nicht mehr als dreitausend Exemplare und verlegte deshalb keine weiteren Werke der Autorin. Wir wissen, dass ja auch Primo Levis »Ist das ein Mensch?« 1948 vom Einaudi-Verlag abgelehnt wurde und zunächst in einer kaum beachteten Erstausgabe in einem kleinen Provinzverlag erschien, um erst 1958 bei Einaudi wieder neu aufgelegt zu werden (deutsch 1961) und dann erst die Bekanntheit erlangte, die das Buch heute hat.

Mit der Veröffentlichung von Anne Franks Tagebuch 1950 und 1955 (in zensierten Fassungen) war offensichtlich der Bedarf an Aufklärung und Erinnerungsarbeit abgedeckt. Das gleichzeitig geschriebene Tagebuch der zehn Jahre älteren Etty Hillesum erschien sogar erst 1981. Ich könnte diese Reihe verspäteter Veröffentlichungen endlos fortsetzen.

Schließlich aber wurden die Erinnerungen und Zeugnisse doch zu Erzählungen, dazu bedurfte es wohl dieses zeitlichen Abstands und einer neuen Generation, die diesen Erzählungen zuhören konnte und wollte. Die Überlieferung muss erfragt werden, sie fließt nicht von allein wie ein Fluss, sie muss gedeu-

* Jeremy Adler, Das bittere Brot. Göttingen 2015

tet werden, um ihr einen Sinn geben zu können, so wie die Erzählung vom Auszug aus Ägypten in der Pessach-Haggada mit der Frage einsetzt: »Was unterscheidet diese Nacht von allen anderen Nächten?«

1959 erschien in Frankreich André Schwarz-Barts Roman »Der Letzte der Gerechten«, in dem er die von Cecil Roth als winzig bezeichnete »Episode« der Vernichtungslager in die lange Verfolgungsgeschichte der Juden seit den Kreuzzügen einreiht, wohlgemerkt in romanhafter Form, und in dieser Form zur großen Erzählung werden lässt. André Schwarz-Bart war kein Lager-Überlebender, er war als 15-Jähriger in die Resistance eingetreten. Obwohl der Autor damals völlig unbekannt und das Buch seine erste Veröffentlichung war, bedeutete das Erscheinen dieses sofort mit dem *Prix Goncourt* ausgezeichneten Romans zumindest in Frankreich einen Wendepunkt in der Erinnerungskultur der Schoa, wie übrigens auch in meiner eigenen, als das Buch 1961 in deutscher Übersetzung in der DDR verlegt wurde.

Es bedurfte offenbar dieser neuen Wahrnehmung und Deutung, auch um die katastrophalen Ereignisse seelisch und geistig zu verarbeiten und zu Erzählungen werden zu lassen, bis das Ereignis letztlich zum Gleichnis wird, wie Manès Sperber sagt. So wie die Erzählung vom Auszug aus Ägypten so vielen Befreiungsbewegungen zum *Let my people go* geworden ist und »Nie wieder Ausschwitz« schließlich zur Ablehnung aller rassischen und ethnischen Verfolgung.

Inhalt

III